⋆ CLÉCIO LEMOS ⋆

CRIMINOLOGIA
FOUCAULTIANA

PREFÁCIO DE BERNARD HARCOURT

CLÉCIO LEMOS

CRIMINOLOGIA
FOUCAULTIANA

PREFÁCIO DE **BERNARD HARCORT**

Copyright © 2020 by Editora Letramento
Copyright © 2020 by Clécio Lemos

Diretor Editorial | **Gustavo Abreu**
Diretor Administrativo | **Júnior Gaudereto**
Diretor Financeiro | **Cláudio Macedo**
Logística | **Vinícius Santiago**
Comunicação e Marketing | **Giulia Staar**
Assistente Editorial | **Matteos Moreno e Sarah Júlia Guerra**
Designer Editorial | **Gustavo Zeferino e Luís Otávio Ferreira**
Capa | **Clive Mund**
Preparação e Revisão | **Lorena Camilo**

Conselho Editorial | **Alessandra Mara de Freitas Silva; Alexandre Morais da Rosa; Bruno Miragem; Carlos María Cárcova; Cássio Augusto de Barros Brant; Cristian Kiefer da Silva; Cristiane Dupret; Edson Nakata Jr; Georges Abboud; Henderson Fürst; Henrique Garbellini Carnio; Henrique Júdice Magalhães; Leonardo Isaac Yarochewsky; Lucas Moraes Martins; Luiz Fernando do Vale de Almeida Guilherme; Nuno Miguel Branco de Sá Viana Rebelo; Renata de Lima Rodrigues; Rubens Casara; Salah H. Khaled Jr; Willis Santiago Guerra Filho.**

Todos os direitos reservados.
Não é permitida a reprodução desta obra sem
aprovação do Grupo Editorial Letramento.

Dados Internacionais de Catalogação na Publicação (CIP) de acordo com ISBD

L555c	Lemos, Clécio
	Criminologia Foucaultiana / Clécio Lemos. - Belo Horizonte, MG : Letramento ; Casa do Direito, 2020.
	146 p. ; 15,5cm x 22,5cm.
	Inclui bibliografia.
	ISBN: 978-65-86025-91-0
	1. Direito. 2. Criminologia Foucaultiana. I. Título.
2020-2970	CDD 340
	CDU 34

Elaborado por Vagner Rodolfo da Silva - CRB-8/9410

Índice para catálogo sistemático:
1. Direito 340
2. Direito 34

Belo Horizonte - MG
Rua Magnólia, 1086
Bairro Caiçara
CEP 30770-020
Fone 31 3327-5771
contato@editoraletramento.com.br
editoraletramento.com.br
casadodireito.com

Casa do Direito é o selo jurídico do
Grupo Editorial Letramento

Este livro é dedicado à memória do querido Thiago Fabres de Carvalho, aquele que sabia fazer a crítica e a autocrítica sempre sorrindo.

AGRADECIMENTOS

Ao caro Bernard E. Harcourt, que foi receptivo desde o primeiro contato e me acolheu na Columbia University para o pós-doutorado. Cientista de genialidade, cordialidade e de profundo interesse em ajudar a construir críticas e políticas para um mundo melhor. Profundamente inspirador.

To the dear friends I made in New York, without whom the city could not have been explored with such joy, without whom I would not have the strength to go on my studies: Gustavo Pedrollo, Chetna Malviya, Kathrin Von Allmen, Federica Violi.

O período em Nova York foi de grandes conquistas, mas também de grandes dificuldades. Por problemas de saúde, passei algumas semanas sem poder praticamente usar os olhos, usando compressas quentes. As falas do lama Padma Samten e de Henrique Lemes foram meu refúgio para conseguir a paz necessária, todo agradecimento é pouco.

Após meu retorno ao Brasil, em julho de 2019, tive a oportunidade de oferecer cursos sobre a filosofia política de Foucault em algumas cidades do país. Foi um período de diálogos fundamentais para aprender e elaborar melhor algumas das minhas percepções. Sou profundamente grato às pessoas que viabilizaram esses encontros: Ruben Rockenbach Manente, Jackson da Silva Leal, Amanda Costamilan, Maiquel Wermuth, Flavio Bortolozzi Junior, Frederico Horta e Gustavo Silva.

O presente livro foi concluído durante a quarentena de 2020, período que tive o apoio essencial de algumas pessoas queridas, às quais serei eternamente grato, especialmente: Maria da Penha Peruchi, Lenyr Campo Falquetto, Maria Virgínia Lemos, Josinete Schwanz.

Ao irmão de todas as horas, o indispensável Rafael Comério Chaves.

Ao amigo Pablo Ornelas Rosa, pela generosidade imensa que é sua marca. Além de elaborar uma preciosa apresentação da presente obra, foi responsável pela revisão do texto integral. Meu maior inspirador e interlocutor nos estudos sobre Foucault, fonte inesgotável de amizade afetuosa.

Ao Grupo Editorial Letramento, por mais uma vez confiar no meu trabalho e na importância da mensagem.

Aos meus pais, a toda minha família, pelo carinho que me constitui.

Às águas lentas do Hudson River.

PREFÁCIO 13

APRESENTAÇÃO 15

INTRODUÇÃO 19

**1. FOUCAULT:
UM MARCO TEÓRICO** 24
   1.1. RACIONALIDADES DO PODER 41
   1.2. MICROFÍSICAS DO PODER 70

2. CRIMINOLOGIA FOUCAULTIANA 103
   2.1. RACIONALIDADES PENAIS 108
   2.2. MICROFÍSICAS PENAIS 124

REFERÊNCIAS 138

Nunca fui freudiano, nunca fui marxista e jamais fui estruturalista.

Michel Foucault, *Ditos e Escritos II*

PREFÁCIO

Clécio Lemos foi pesquisador visitante no Columbia Center for Contemporary Critical Thought durante o ano acadêmico de 2018-2019 e deixou uma impressão duradoura e marcante em nossa comunidade intelectual na Columbia University, em Nova York. Foi durante seu tempo na Columbia University que Clécio Lemos idealizou um manuscrito penetrante demonstrando, com clareza e brilho, como os escritos tardios do filósofo e crítico social Michel Foucault poderiam abrir o caminho para uma nova abordagem metodológica na criminologia crítica. Todos nós temos sorte agora de ter seu manuscrito publicado. Espero que isto contribua para reorientar a criminologia crítica no Brasil para o século XXI.

A criminologia crítica foi atormentada, nos últimos tempos, por uma erosão da fé nas histórias deterministas da Filosofia e pelo ceticismo sobre a objetividade dos saberes recebidos. Em grande parte, isso é o produto do surgimento de uma vertente mais ampla contrafundacional e, mais recentemente, pós-colonial na teoria crítica, refletida nos escritos de filósofos críticos como Foucault, Gilles Deleuze, Judith Butler, Edward Said e Gayatri Chakravorty Spivak

Essa vertente contrafundacional da filosofia crítica desafia as abordagens mais dogmáticas da teoria crítica e, mais pertinente aqui, a criminologia crítica mais clássica e influenciada por Marx. Mas, como o próprio Foucault enfatizou, a questão nunca foi simplesmente rejeitar imediatamente as formas anteriores de positivismo crítico, mas, em vez disso, repensar essas tradições através das lentes de um contrapositivismo. Como escreveu Foucault em 1981, sua intenção era "[...] evocar um contrapositivismo que não seja o oposto do positivismo, mas sim seu contraponto."[1]

Isso ficou evidente no livro de Foucault sobre o nascimento da prisão, *Vigiar e punir*, onde, citando especificamente *O capital* de Marx (Vol. I, Cap. XIII), Foucault argumentou que a revolução industrial, possibilitada pela acumulação de capital, não poderia ser divorciada da produção de corpos dóceis por meio do poder disciplinar, ou do que ele chama de

---

[1] FOUCAULT, Michel. *Mal faire, dire vrai*: La Fonction de l'aveu en justice. Louvain: Presses universitaires de Louvain, 2012. p. 10.

"[...] os métodos para administrar o acúmulo de homens." "Esses dois processos", enfatizou Foucault, "[...] a acumulação de homens e a acumulação de capital, não podem ser separados."[2] Referindo-se especificamente ao texto criminológico fundacional da Escola de Frankfurt, *Punição e estrutura social*, de Georg Rusche e Otto Kirchheimer, Foucault complementou a economia política marxista tradicional com uma "economia política do corpo", efetivamente incorporando relações de poder e as "tecnologias políticas do corpo" na criminologia crítica.[3]

De forma similar, sem deslocar inteiramente a tradição marxista anterior, mas, em vez disso, criando uma conversa produtiva com ela, Clécio Lemos propõe, neste livro *Criminologia Foucaultiana*, partir do conceito de *teoria crítica contrafundacional* para enriquecer a criminologia crítica. Lemos identifica dois temas centrais na obra de Foucault que podem inspirar esse novo método: primeiro, a importância das racionalidades de poder; e segundo, a centralidade das microfísicas do poder. Clécio Lemos propõe uma nova criminologia crítica que busca compreender e reorientar as "racionalidades penais" e as "microfísicas penais".

Partindo especialmente do método genealógico de Foucault e de sua ampliação posterior por meio do estudo da subjetividade e das práticas de si, Clécio Lemos ajuda a expor uma história do presente do poder jurídico penal por meio da análise das racionalidades e microfísicas que permeiam o campo penal. Este é um trabalho absolutamente essencial para começar a entender e desmontar o que Foucault chamou, em suas aulas no Collège de France em 1973, de nossa "sociedade punitiva".

Vamos agora ler juntos o livro de Clécio Lemos e retomar uma das mais importantes conversas críticas – atentos, como sempre devemos estar, para a necessidade ardente de confrontar nossa filosofia crítica com a práxis crítica.

BERNARD E. HARCOURT
Isidor e Seville Sulzbacher professor de Direito e de Ciência Política na Columbia University em Nova York. Professor catedrático na École des hautes études en sciences sociales em Paris, França. Diretor fundador do Columbia Center for Contemporary Critical Thought.

---

[2] FOUCAULT, Michel. *Surveiller et punir:* Naissance de la prison. Paris: Gallimard La Pléiade, 2015. v. II. p. 504.

[3] FOUCAULT, Michel. *Surveiller et punir:* Naissance de la prison. Paris: Gallimard La Pléiade, 2015. v. II. p. 286.

APRESENTAÇÃO

Estamos diante de um livro-bomba. Um escrito produzido como resultado de uma pesquisa de pós-doutoramento realizada em 2019 por Clécio Lemos na Columbia University, a partir de um arsenal genealógico amparado pela analítica foucaultiana que evidencia como que os governos e as práticas governamentais passaram a ser usados como modos de subjetivação na universalização de certos pressupostos encontrados no sistema de justiça criminal. Hipótese esta que toma a privação de liberdade como única forma possível de contenção daquelas condutas estabelecidas como crime, através de um processo constituído normativamente por meio daquilo que passou a ser chamado comumente de criminalização primária.

O livro *Criminologia foucaultiana* toma como ponto de partida não apenas o entendimento de que o conflito – apresentado modernamente sob a forma-crime – seria uma invenção que possui certo lastro histórico operado distintamente de forma colonizadora nas mais diversas sociedades, como também compreende que a estratégia utilizada pelos estados modernos como forma de contê-lo através do uso das penas privativas de liberdade seria uma criação recente, produzida na modernidade através de certos escritos – como o livro *Dos delitos e das penas*, de Cesare Beccaria, por exemplo – que visavam não apenas racionalizar a relação entre a conduta tipificada como crime e a sanção estabelecida, como também intuíam substituir os desumanos e perversos suplícios que precediam esse tipo de tratamento dado àqueles que eram condenados por terem infringido a lei, conforme constatou Michel Foucault em sua obra provavelmente mais popularizada, intitulada *Vigiar e punir*.

Ao tomar os escritos de Foucault como ferramentas analíticas imprescindíveis em suas ponderações, Clécio Lemos desenvolveu uma análise sofisticada sobre os saberes válidos academicamente que passaram a serem mobilizados no entendimento acerca do crime na modernidade, tanto a partir de uma perspectiva normatizadora vislumbrada em uma abordagem positivista, quanto em suas dimensões mais críticas através de análises marxistas que, mesmo apontando questionamentos bastante potentes do ponto de vista analítico, ainda insistem em "a priorismos" universalistas que acabam comprometendo a qualidade do debate, na medida em que reiteram explicações deterministas que se dão por meio de uma leitura economicista a respeito da realidade social e seus desdobramentos no Direito Penal.

Certamente, a maior contribuição encontrada no livro *Criminologia foucaultiana* não se dá apenas por seus questionamentos e provocações acerca das possibilidades e limitações de pensarmos uma criminologia foucaultiana, mas, sobretudo, por compreender que as análises desenvolvidas por esse importante filósofo francês nos ajuda a compreender genealogicamente como foi possível a incidência da governamentalização do tratamento dado ao crime pela universalização de certo entendimento orientado normativamente pelo Direito Penal, assim como permite entender como se deu o aparecimento da punição sob a forma de tempo privativo de liberdade como estratégia de contenção daquelas condutas que deveriam ser evitadas socialmente, na medida em que são reprovadas e consequentemente convertidas em crime.

Ao tomar como referência o entendimento de que a adoção de uma perspectiva analítica foucaultiana presume que "é preciso encarar os três eixos – veridicção-governo-subjetivação – como reciprocamente constitutivos, em que nenhum ficará refém do outro, nenhum irá extrair do outro sua essência",[4] Clécio Lemos compreende que é por meio da circularidade destes três âmbitos que se sustentaria uma recusa desses princípios universais encontrados tanto no positivismo quanto em determinadas perspectivas marxistas que tomam a preponderância de uma explicação com viés econômico, situado a partir da luta de classes.

As problematizações apresentadas neste surpreendente livro acerca dos universalismos encontrados tanto na criminologia de tradição positivista – e sua suposta ideologia da defesa social, conforme sustenta Alessandro Baratta em seu livro intitulado *Criminologia crítica e crítica do Direito Penal* –, quanto por meio de certa criminologia crítica que toma a política criminal a partir de um determinante econômico, acabou por priorizar explicações macrofísicas, negligenciando os aspectos microfísicos fundamentais na analítica genealógica foucaultiana. Sendo que esta considera veementemente as particularidades históricas e contextuais das distintas sociedades analisadas para além da forma-Estado, na medida em que não a toma universalmente como ponto de partida, problematizando as eventuais sujeições e assujeitamentos que decorrem desse tipo de análise.

---

[4] LEMOS, Clécio. *Criminologia foucaultiana*. Belo Horizonte: Letramento, 2020. p. 68.

Nesse sentido, o autor sustenta que isso não significa uma espécie de oposição das análises micro em relação às análises macro, mas um chamado para que se somem de fato às análises micro, uma vez que sem elas não seria possível compreender a complexidade da dinâmica social, pois, segundo a sua compreensão, o aspecto micro seria uma qualificação da analítica do poder. Desse modo, ele sugere que Foucault apontaria para a necessária relação entre essas duas ordens, sendo essencial conjugar o "foco local" e a "estratégia global".

A sofisticação analítica produzida por Clécio Lemos acerca dos movimentos e inflexões encontradas nos diferentes momentos do pensamento de Michel Foucault evidencia um itinerário de continuidades e rupturas que vão acontecendo paulatinamente, na medida em que as análises orientadas por esse filósofo francês vão sendo apresentadas, intensificando a compreensão acerca da produção do sujeito historicamente constituído, em sua relação com o saber, poder e consigo mesmo. Sendo assim, a leitura apresentada no livro *Criminologia foucaultiana* nos permite compreender como foi possível a emergência de certas abordagens universalistas que, ao tomarem alguns pressupostos como ponto de partida, passaram a serem mobilizadas como justificativas ou mesmo estratégias de legitimação de aportes teóricos eurocêntricos que, de um lado, colonizam o sistema de justiça criminal com uma racionalidade punitivista e pretensamente ressocializadora, e, de outro, uma leitura que reduz as demandas sociais pela perspectiva da luta classes, a partir de uma orientação economicista.

Também se faz importante destacar que esse livro deve ser lido como uma espécie de anarquelogia do crime e da punição, apresentado como uma continuidade analítica encontrada no escrito que o precede, intitulado *Foucault e a justiça pós-penal*, publicado em 2019, em que Clécio Lemos apresenta um olhar abolicionista penal sob a ótica do filósofo francês, constatando a partir do entendimento sobre verdade-governo-subjetivação, quatro traços de atuação do poder na modernidade e suas consequentes universalizações, a saber, o estratégico não repressivismo), constitutivo (não economicismo), capilarizado (não Estado-centrismo) e subjetivante (não humanismo), além de apontar críticas e proposições acerca das abordagens por ele apresentadas.

Além disso, é preciso mencionar a dificuldade encontrada por mim em escrever a apresentação de um trabalho tão importante e potente para o tempo presente que, além da qualidade analítica e sofisticação argumentativa apresentada pelo autor, trata-se de um texto escrito por um querido amigo por quem prezo uma enorme admiração e com quem aprendo muito a cada encontro que temos.

Não obstante, diante de um momento histórico caracterizado pela difusão de mentiras comumente chamadas de pós-verdade ou mesmo de *fake news*, assim como interpretações limitadas acerca de determinados autores fundamentais para entendermos a passagem do século XX para o XXI, este livro se apresenta como uma ferramenta imprescindível para evidenciar leituras equivocadas sobre Foucault, que ora é situado como neomarxista ou teórico que segue o método dialético – conforme mostrou equivocadamente o autor conservador Roger Scruton em seu livro *Pensadores da nova esquerda* – ora por leituras que tomam o filósofo francês como uma espécie de adepto tímido do neoliberalismo – a exemplo de Byung-Chul Han, em seu livro *Agonia do Eros*, ou Geoffrey Lagasnerie em seu escrito intitulado *A última lição de Foucault*.

Diferentemente dessas leituras limitadas e limitantes acerca da produção acadêmica de Michel Foucault, Clécio Lemos prefere realizar uma compreensão atenta e aprofundada sobre os escritos, aulas, conferências e demais produções deste importante filósofo francês, mostrando que sua abordagem vai além de quaisquer tentativas de situá-lo dentro de um quadro previamente constituído por referenciais teóricos que escapam a essas tentativas de classificação em escolas do pensamento filosófico. Desse modo, o autor nos apresenta um livro potente que apresenta ao leitor novos olhares sobre o tratamento dado ao crime e à criminologia, disciplina esta que nasce permeada por diversos universalismos que são evidenciados nesse importante escrito.

Convido o leitor a ler este importante livro e colocar em movimento o entendimento sobre os processos de subjetivação que envolvem o entendimento sobre violência, crime e punição e suas formas de tratamento através dessa perspectiva anarqueológica orientada pela analítica foucaultiana em direção aos abolicionismos.

Vila Velha/ES, 30 de agosto de 2020.

PABLO ORNELAS ROSA

Doutor em Ciências Sociais (PUC/SP), com pós-doutorado em Psicologia Institucional e em Saúde Coletiva (UFES). Professor nos programas de mestrado em Sociologia Política e em Segurança Pública da UVV

INTRODUÇÃO

O presente livro é o resultado da minha pesquisa de pós-doutorado realizada no ano de 2019 junto ao departamento de Direito da Columbia University, sob a supervisão daquele que provavelmente hoje é o maior representante mundial dos foucaultianos: Bernard E. Harcourt.

Mas é interessante que eu esclareça antes de onde surge o interesse neste tema. No ano de 2014 fui aprovado no programa de doutorado da PUC-Rio com um projeto de pesquisa indicando que meu marco teórico seria Foucault, porém àquela altura eu não tinha muita clareza do que isso significava. Logo, uma das metas era justamente me dedicar ao autor e poder extrair a metodologia que seria usada para a elaboração da tese.

Ao iniciar esse percurso, pude então perceber uma grande dificuldade em capturar a filosofia do autor, as mensagens inseridas nos seus livros me pareciam cada vez mais fascinantes, mas o método permanecia nebuloso. Fui percebendo que a tarefa era bem mais árdua do que eu inicialmente imaginava, o que tornava o meu esforço ainda mais importante.

Além dos livros de Foucault, comecei então a ler os textos de seus leitores, com isso muitas coisas foram se esclarecendo pouco a pouco. Diria Paul Veyne que Foucault "nunca expôs dos pés à cabeça a sua doutrina, deixou essa temível tarefa para os seus comentadores."[5] Assim, se por um lado os intérpretes foucaultianos me auxiliavam, por outro lado agora era a minha vez de encarar a árdua responsabilidade.

Foi exatamente nesse processo que comecei a entender melhor a dificuldade pela qual eu passava. Foucault não trabalhava com o "método de teses"[6] ao qual eu estava inserido, por isso o marco teórico para di-

---

[5] VEYNE, Paul. *Foucault, o pensamento, a pessoa.* Lisboa: Edições Texto & Grafia, 2009. p. 12.

[6] "Algumas páginas apenas, porque trabalha com um método totalmente diferente do método de 'teses'. Ele se contenta em sugerir o abandono de um certo número de postulados que marcaram a posição tradicional da esquerda. E será preciso esperar A Vontade de Saber para uma exposição mais detalhada." Cf.: DELEUZE, Gilles. *Foucault.* Tradução de Claudia Sant'Anna Martins. São Paulo: Brasiliense, 2005. p. 34.

recionar meu objeto de pesquisa era oferecido de forma enigmática. O autor preferia mostrar em seus livros e cursos o resultado do que ele via, mas era um tanto relapso em mostrar o método por meio do qual ele via.

Foucault era formado em Filosofia e conhecia bastante o pensamento ocidental, contudo preferia encarar sua escrita como a de um "jornalista".[7] Sua preocupação não era escrever teses universitárias, e sim contar histórias que poderiam provocar mudanças nos outros e em si mesmo.[8]

Apesar de ele não estar muito preocupado em demonstrar, era claro que havia uma série de pressupostos dos quais ele partia, uma base epistemológica refletida em diretrizes para compreender a realidade social. Todavia, essa metodologia era oferecida de forma muito sucinta e esparsa, de forma que me pareceu extremamente importante tentar trazê-la de forma mais concentrada, atendendo ao nosso modelo acadêmico atual.[9]

Considero que elaborei parcialmente esse trabalho na minha tese, hoje publicada como *Foucault e a Justiça pós-penal*.[10] Meu objetivo era usar Foucault para a elaboração de uma proposta de abolição da Justiça Penal, todavia, durante esse percurso ficou claro que haveria também um trabalho a ser feito em outro momento: explanar como o método do autor poderia oferecer novas diretrizes teóricas para a criminologia crítica.

O pós-doutorado foi onde pude investigar mais especificamente o método foucaultiano e compreender que, assim como o autor havia formulado interessantes deslocamentos no pensamento crítico do poder, era possível usar suas diretrizes para uma reformulação nos estudos críticos de criminologia.

---

7 FOUCAULT, Michel. *Estratégia, saber-poder*. Tradução de Vera Lucia Avellar Ribeiro. 2. ed. Rio de. Janeiro: Forense Universitária, 2006. (Ditos e escritos IV). p. 264.

8 "Não me preocupo minimamente com o estatuto universitário daquilo que faço, porque o meu problema é a minha própria transformação. [...] Esta transformação de si pelo seu próprio saber é, creio, algo muito próximo da experiência estética. Por que motivo trabalharia um pintor se não fosse transformado pela sua pintura?" Cf.: FOUCAULT, Michel. *Estratégia, saber-poder*. Tradução de Vera Lucia Avellar Ribeiro. 2. ed. Rio de. Janeiro: Forense Universitária, 2006. (Ditos e escritos IV). p. 140.

9 "A atual organização do conhecimento acadêmico torna muito difícil para todos, estudante ou professor, a possibilidade de seguir as pegadas de Foucault." Cf.: VALVERDE, Mariana. *Michel Foucault*. Nova York: Routledge, 2017. p. 175.

10 LEMOS, Clécio. *Foucault e a Justiça pós-penal*: críticas e propostas abolicionistas. Belo Horizonte: Grupo Editorial Letramento, 2019.

Bem sabemos que Foucault se dedicou algumas vezes aos estudos de Justiça Penal, seu livro[11] mais famoso foi escrito com o objetivo de explicar como as prisões se tornaram o principal tipo de punição no giro da modernidade, e ele ainda elaborou cinco[12] importantes cursos relacionados com o tema. Entretanto, como não se encarava como criminólogo, ele também não se preocupou em demarcar claramente como seu olhar se distanciava em aspectos importantes da teoria criminológica de seu tempo.

Sem dúvidas, o presente trabalho ficaria muito limitado se pretendesse extrair uma nova perspectiva apenas a partir dessas seis pesquisas. Soou mais interessante passar pelo conjunto total de sua obra e compreender as principais novidades que seu método oferecia ao pensamento político, para assim tentar mostrar seus possíveis impactos em uma criminologia de resistência.

Uma outra advertência parece importante, a de que este livro não pretende demonstrar o *único* pensamento possível de Foucault para a criminologia, ou algo como o *verdadeiro* Foucault criminólogo. Por mais que se pretenda ser fiel à filosofia do autor, há sempre uma margem de possibilidades, espaços onde são cabíveis diferentes criações. Para meu intento, faço uma seleção dos conceitos que me parecem mais funcionais, de forma que é inevitável um tanto de parcialidade e um tanto de criatividade. Tampouco aqui viso meramente sistematizar, algo como uma coletânea do que o autor falou sobre Justiça Penal. É preciso fazê-lo "gritar",[13] assim como ele fez com Nietzsche, utilizando o que parece estrategicamente mais relevante. Não poderia haver momento melhor para fazer isso, pois exatamente neste ano de 2020 o público brasileiro passou a ter à disposição a tradução de todos os treze cursos proferidos pelo autor no Collège de France.[14]

---

11 FOUCAULT, Michel. *Vigiar e punir.* 28. ed. Petrópolis: Vozes, 2010.

12 *Teorias e Instituições Penais, A Sociedade Punitiva, As Verdades e as Formas Jurídicas, Os Anormais; Malfazer, Dizer Verdadeiro.*

13 "As pessoas que eu gosto, eu as utilizo. A única marca de reconhecimento que se pode testemunhar a um pensamento como o de Nietzsche é precisamente utilizá-lo, deformá-lo, fazê-lo ranger, gritar." Cf.: FOUCAULT, Michel. *Estratégia, saber-poder.* Tradução de Vera Lucia Avellar Ribeiro. 2. ed. Rio de. Janeiro: Forense Universitária, 2006. (Ditos e escritos IV). p. 174.

14 O último curso publicado foi Teorias e Instituições Penais. Cf.: FOUCAULT, Michel. *Teorias e instituições penais:* curso no Collège de France (1971-1972). Tradução de Rosemary Costhek Abílio. São Paulo: WMF Martins Fontes, 2020.

Ao pretender trazer o que havia de particular do pensamento político foucaultiano para repensar a crítica, é inevitável constatar que há pontos de convergência e pontos de distanciamento em relação a outros autores. Tendo um conhecimento mais profundo dos pressupostos de Foucault, é inevitável afirmar que certas apropriações são possíveis e outras não. Assim, podemos logo responder: um Foucault materialista? Não. Um Foucault universalista? Impossível.

As inovações teóricas de Foucault por vezes complementam e por vezes se dissociam do pensamento crítico majoritário, mostrar suas especificidades eventualmente demanda tornar claras estas divergências. À época em que produzia, Foucault dizia ter diante de si três grandes pensamentos predominantes: Freud na psicologia, Husserl na filosofia, Marx na política.[15][16] De certa forma, o que há de peculiar em Foucault pode ser melhor identificado por seus desvios de rota com relação a esses autores.

Sendo o aspecto político o que mais nos interessa, tornou-se inevitável por vezes um confronto com Marx. Entretanto, seria de todo inadequado dizer que Foucault foi um anti-Marx, não só porque eles possuíam certos pontos de convergência, senão porque Foucault explorou questões que simplesmente não foram objeto de Marx. Apesar desse embate ser importante, explicar a perspectiva foucaultiana sobre o poder definitivamente não pode se resumir a um descolamento em relação a Marx.

No que tange ao objeto mais específico do presente trabalho, pareceu inegável constatar que a maior parte da atual criminologia de viés crítico também é essencialmente baseada em certos pressupostos da teoria de Marx. Nos debates brasileiros, a toda evidência, ainda muitos entendem que não é possível uma criminologia crítica sem Marx, para

---

[15] "Durante os anos 1945-1965 (falo da Europa), existia uma certa forma correta de pensar, um certo estilo de discurso político, uma certa ética do intelectual. Era preciso ser unha e carne com Marx, não deixar seus sonhos vagabundearem muito longe de Freud e tratar os sistemas de signos - e significantes - com o maior respeito. Tais eram as três condições que tornavam aceitável essa singular ocupação que era a de escrever e de enunciar uma parte da verdade sobre si mesmo e sobre sua época." Cf.: FOUCAULT, Michel. *Repensar a política*. Tradução de Ana Lúcia Paranhos Pessoa. Rio de Janeiro: Forense Universitária, 2010. (Ditos e escritos VI). p. 103.

[16] FOUCAULT, Michel. *Malfazer, dizer verdadeiro*: função da confissão em juízo: curso em Louvain, 1981. Tradução de Ivone Benedetti. São Paulo: WMF Martins Fontes, 2018. p. 206.

além de Marx. Por isso também soou bem promissor tentar elaborar algo como uma *criminologia foucaultiana*, para demonstrar como ela poderia inovar o pensamento crítico criminológico atual.

Pode-se definir que a criminologia teórica tem como função principal elaborar métodos de análise da Justiça Penal, tomando como base teorias políticas e sociais. É o que venho aqui fazer usando o método de Foucault, ainda que ele não tenha uma teoria universalista, como seria típico dos moldes tradicionais.

Para uma maior clareza metodológica, dividi esse esforço em dois capítulos: o primeiro para demarcar os dois pontos essenciais da analítica do poder de Foucault; o segundo para mostrar como essa analítica pode ajudar na construção de uma nova criminologia teórica de viés crítico. É o que segue.

1. FOUCAULT: UM MARCO TEÓRICO

> *Uma genealogia não é uma descrição das coisas como elas realmente são, ela é a "história" de como as coisas passaram a ser vistas como objetivas.*[17]
>
> Véronique Voruz, *The Politics of the Culture of Control: Undoing Genealogy*

Pode-se afirmar que as análises foucaultianas representam um marco teórico, ou seja, um conjunto de pressupostos que podem ser utilizados para analisar uma série de objetos. A partir de certa base epistemológica, o próprio autor percorreu uma diversidade de campos de investigação, com destaque para a medicina, a justiça, o Estado e a sexualidade.

Isso não significa que o autor teve uma visão única e estática, do início ao fim, ao longo de quase três décadas de produção. Evidentemente não é o caso. Apesar de sempre haver uma base filosófica em tudo que ele escreveu, algumas percepções foram sofrendo alterações interessantes, foram se complexificando, efeito comum de se esperar de um pensador profundamente ativo.

Dessa forma, o que se pretende aqui não é sistematizar algo como *o pensamento de Foucault*, e sim escolher o que se apresenta como mais útil para uma interpretação da nossa sociedade. O próprio autor se negou expressamente a formular um sistema nos moldes típicos das chamadas *teorias políticas*, preferindo organizar um saber

---

[17] "A genealogy is not a description of things as they actually are, it is a 'history' of how things have come to be seen as objective." VORUZ, Véronique. The Politics of the Culture of Control: Undoing Genealogy. *Economy and Society*, v. 34, n. 1, 2005. p. 165.

estratégico ao estilo de "caixa de ferramentas".[18] Assim, brincando um pouco com a expressão, o trabalho que cabe fazer é uma seleção das melhores ferramentas foucaultianas para uma crítica do presente.

Produzir um instrumento teórico para perfazer uma lógica de compreensão das relações de poder, tendo liberdade para atravessar todas as fases de produção do autor. Nesse intento, elaborei neste capítulo a base de uma analítica do poder, a qual poderá ser usada como lente para outros campos. Capturar no autor um *estilo de análise* útil aos nossos dias.[19]

O Foucault que aqui se quer é o estratégico, que serve para entender a política e para formular respostas. Usar o autor como *historiador do presente*, visando encontrar as chaves de leitura das redes de poder que atravessam a atualidade, para ao fim saber reagir melhor diante desses contextos.[20]

Em suma, não se trata de uma *interpretação geral*[21] da teoria política foucaultiana, seja porque ele mesmo modificou alguns de seus conceitos, seja porque seu objetivo jamais foi construir uma teoria global sobre as relações humanas. O objetivo então é trazer as diretrizes que parecem representar o que há de mais útil na sua teoria, promovendo alguns esclarecimentos e algumas conexões relevantes.

---

18 FOUCAULT, Michel. *Estratégia, saber-poder*. Tradução de Vera Lucia Avellar Ribeiro. 2. ed. Rio de. Janeiro: Forense Universitária, 2006. (Ditos e escritos IV). p. 251.

19 "Tenho enfatizado que o trabalho de Foucault não é um sistema de conceitos organizados ordenadamente com definições estáticas: ele é melhor caracterizado por um estilo de análise. [...] Bem simplesmente, seu trabalho não procede por gerar reinvindicações de verdades fixas e teorias gerais sobre a história humana." Cf.: VALVERDE, Mariana. *Michel Foucault*. Nova York: Routledge, 2017. p. 165.

20 "No entanto, o interesse profundo de Foucault pelo passado se deve ao fato de que viu nesses fenômenos maneiras de pensar e de se comportar que são ainda as nossas." Cf.: MOTTA, Manoel Barros da. Apresentação. *In:* FOUCAULT, Michel. *Estratégia, saber-poder*. Tradução de Vera Lucia Avellar Ribeiro. 2. ed. Rio de. Janeiro: Forense Universitária, 2006. (Ditos e escritos IV). p. LXI.

21 "Interpretações gerais de Foucault são tentadoras porque, apesar de toda a sua distorção, elas podem nos colocar algumas verdades importantes. Minha sugestão não é que as renunciemos, mas que as consideremos não exclusivos e desenvolvidas para fins específicos. [...] Sem ficar obcecado em encontrar a interpretação geral que nos dará a 'verdade final' sobre o trabalho de Foucault, deveríamos estar preparados usar uma variedade dessas interpretações para elucidar, para fins particulares, aspectos específicos de seus escritos." Cf.: GUTTING, Gary. Michel Foucault: A User's Manual. *In:* GUTTING, Gary (Ed.). *The Cambridge Companion to Foucault*. 2. ed. Nova York: Cambridge University Press, 2007. p. 5.

O que interessa aqui é a forma de análise que Foucault faz das relações políticas, contudo, é válido passar rapidamente por sua base filosófica e tentar explicar por que ele se negava a ser um *teórico do poder*.[22] Isso está diretamente relacionado à sua apropriação de Friedrich Nietzsche, sem dúvidas sua maior referência na epistemologia.

O método genealógico de Nietzsche parte essencialmente de uma ruptura com a filosofia moderna, podendo ser representada pela sua negativa aos universais. Negar significações ideais, não partir de nenhum tipo de meta-história que pretendesse alcançar uma *origem* das coisas reais.[23]

É uma refutação das metafísicas, afirmando que a raiz do que conhecemos não decorre de uma verdade última, mas de algo como "exterioridade do acidente". O que sabemos não é uma fração das formas universais, mas sim o resultado de uma proveniência histórica marcada por acasos, inversões, cálculos, de maneira que a realidade encarada é sempre decorrente de uma "proveniência" complexa e dispersa. Os tempos não estão marcados por uma grande linha lógica contínua.[24]

Nessa linha, o autor dispensa a crença em uma verdade última que permaneceria como continuidade na história, torna sem sentido visões evolucionistas ou premonitórias. Não há um segredo do valor verda-

---

[22] "Portanto, não sou de forma alguma um teórico do poder. Eu diria que que o poder, em última instância, não me interessa como questão autônoma e se, em várias ocasiões, fui levado a falar da questão do poder, é na medida em que a análise política que era feita dos fenômenos do poder não me parecia ser capaz de dar conta desses fenômenos mais sutis e mais detalhados que quero evocar ao colocar a questão do dizer verdadeiro sobre si mesmo." Cf.: FOUCAULT, Michel. *Arqueologia das Ciências e História dos Sistemas de Pensamento*. Rio de Janeiro: Forense Universitária, 2005. (Ditos e Escritos II). p. 327.

[23] "Em suma, uma certa obstinação na erudição. A genealogia não se opõe à história como a visão altiva e profunda do filósofo ao olhar de toupeira do cientista; ela se opõe, ao contrário, ao desdobramento meta-histórico das significações ideais e das indefinidas teleologias. Ela se opõe à pesquisa da 'origem'." Cf.: FOUCAULT, Michel. *Microfísica do poder*. 26. ed. Rio de Janeiro: Edições Graal, 2008. p. 16.

[24] "Seguir o filão complexo da proveniência é, ao contrário, manter o que se passou na dispersão que lhe é própria: é demarcar os acidentes, os ínfimos desvios – ou ao contrário as inversões completas – os erros, as falhas na apreciação, os maus cálculos que deram nascimento ao que existe e tem valor para nós; é descobrir que na raiz daquilo que nós conhecemos e daquilo que nós somos – não existem a verdade e o ser, mas a exterioridade do acidente." Cf.: FOUCAULT, Michel. *Microfísica do poder*. 26. ed. Rio de Janeiro: Edições Graal, 2008. p. 21.

deiro a ser descoberto, um ponto objetivo que poderia ser alcançado pela razão humana devidamente ajustada.[25]

Toda interpretação é "apoderar por violência ou sub-repção ",[26] sem que haja uma significação por essência, e todo funcionamento da humanidade é produzido a partir de interpretações cambiantes. É possível traçar uma história da moral justamente porque ela não decorre de um lar original, os conceitos são criados pelas pessoas diante das regras interpretativas que lhes são passadas.[27]

Importa a Nietzsche historicizar o conhecimento, sendo devoto de um saber perspectivista. Não acreditava no tipo de teórico que pretende camuflar o momento e o lugar de onde vê, esconder sua parcialidade inerente. Negar os universais é compreender que todas as percepções partem de racionalidades datadas, que não há o real em si.[28]

---

[25] "Considere-se, quanto a isso, os mais antigos e os mais novos filósofos: em todos eles falta a consciência do quanto a vontade da verdade mesma requer primeiro uma justificação, nisto há uma lacuna em cada filosofia – por que isso? Porque o ideal ascético foi até agora senhor de toda filosofia, porque a verdade foi entronizada como Ser, como Deus, como instância suprema, porque a verdade não podia em absoluto ser um problema. Compreende-se este 'podia'? – A partir do momento em que a fé no Deus do ideal ascético é negada, passa a existir um novo problema: o problema do valor da verdade." Cf.: NIETZSCHE, Friedrich. *Genealogia da moral*: uma polêmica. Tradução de Paulo Cesar de Souza. São Paulo: Companhia das letras, 2009. p. 131.

[26] FOUCAULT, Michel. *Microfísica do poder*. 26. ed. Rio de Janeiro: Graal, 2008. p. 26.

[27] "Mas se interpretar é se apoderar por violência ou sub-repção, de um sistema de regras que não tem em si significação essencial, e lhe impor uma direção, dobrá-lo a uma nova vontade, fazê-lo entrar em um outro jogo e submetê-lo a novas regras, então o devir da humanidade é uma série de interpretações. E a genealogia deve ser a sua história: história das morais, dos ideais, dos conceitos metafísicos, história do conceito de liberdade ou da vida ascética, como emergências de interpretações diferentes." Cf.: FOUCAULT, Michel. *Microfísica do poder*. 26. ed. Rio de Janeiro: Edições Graal, 2008. p. 26.

[28] "Finalmente, última característica desta história efetiva: ela não teme ser um saber perspectivo. Os historiadores procuram, na medida do possível, apagar o que pode revelar, em seu saber, o lugar de onde eles olham, o momento em que eles estão, o partido que eles tomam." Cf.: FOUCAULT, Michel. *Microfísica do poder*. 26. ed. Rio de Janeiro: Edições Graal, 2008. p. 30.

Não crendo na existência da "primeira pátria à qual os metafísicos prometem que nós retornaremos",[29] ele não se fixa em nenhuma verdade eterna, visa sim identificar a genealogia dessas continuidades e descontinuidades que constroem os seres pensantes.

O conhecimento não reflete a natureza do mundo ou do homem, não é o resultado de um instinto, enfim, é uma invenção. O que se conhece não é uma representação do real, nem consequência de uma afinidade prévia, mas plenamente "contrainstintivo" e "contranatural".[30]

Isso significava se desprender de toda uma tradição filosófica, uma discordância fundamental com pensamentos como o de Kant, que acredita em uma identidade entre as condições de experiência e o objeto de experiência. Para Nietzsche, não há afinidade inerente entre o saber e as coisas do mundo.[31]

Conhecimento não pode decorrer de um isolamento do mundo real em direção ao mundo das formas. O conhecimento que toca os seres sempre decorre de relações de poder, é sempre um saber permeado por parcialidade. O Nietzsche que influencia Foucault é aquele que não acredita no transcendental, mas no conhecimento que decorre das "lutas".[32]

---

29 FOUCAULT, Michel. *Microfísica do poder.* 26. ed. Rio de Janeiro: Edições Graal, 2008. p. 34-35.

30 "O conhecimento, no fundo, não faz parte da natureza humana. É a luta, o combate, o resultado do combate e consequentemente o risco e o acaso que vão dar lugar ao conhecimento. O conhecimento não é instintivo, é contra-instintivo, assim como ele não é natural, é contra-natural. Este é o primeiro sentido que pode ser dado à ideia de que o conhecimento é uma invenção e não tem origem. Mas o outro sentido que pode ser dado a esta afirmação seria o de que o conhecimento, além de não estar ligado à natureza humana, de não derivar da natureza humana, nem mesmo é aparentado, por um direito de origem, com o mundo a conhecer. Não há, no fundo, segundo Nietzsche, nenhuma semelhança, nenhuma afinidade prévia entre conhecimento e essas coisas que seria necessário conhecer." Cf.: FOUCAULT, Michel. *A verdade e as formas jurídicas.* 3. ed. Rio de Janeiro: NAU Editora, 2002. p. 17.

31 "Eis a grande ruptura com o que havia sido tradição da filosofia ocidental, quando até mesmo Kant foi o primeiro a dizer explicitamente que as condições de experiência e do objeto de experiência eram idênticas. Nietzsche pensa ao contrário, que entre conhecimento e mundo a conhecer há tanta diferença quanto entre conhecimento e natureza humana. Temos, então, uma natureza humana, um mundo, e algo entre os dois que se chama o conhecimento, não havendo entre eles nenhuma afinidade, semelhança ou mesmo elos de natureza." Cf.: FOUCAULT, Michel. *A verdade e as formas jurídicas.* 3. ed. Rio de Janeiro: NAU Editora, 2002. p. 17-18.

32 FOUCAULT, Michel. *A verdade e as formas jurídicas.* 3. ed. Rio de Janeiro: NAU, 2002. p. 23.

Para essa forma de filosofia, não há conhecimento "em-si", o saber não tem essência, não se move sob condições eternas. Enfim, vê-se sempre a realidade de forma histórica, de acordo com os modelos de entendimento que se incorpora muito concretamente ao longo da vida.[33]

Se por um lado essa *teoria do conhecimento* se filia à crença das condições do conhecimento, diferencia-se de Kant na medida em que essas condições não são dadas por "toda experiência possível", por um "sujeito universal". O *a priori* genealógico é sempre histórico, pois enxerga a realidade sempre a partir de uma margem que foi compartilhada concretamente ao longo da vida.[34]

Os conhecimentos não decorrem de nenhuma objetividade que é reconhecida pelo sujeito, como que se deparando com uma pureza. O que ocorre, de fato, é que existem "epistemes", formas de verdade aprendidas e incorporadas. A partir dessas bases de "certo e errado" é que se cria as "positividades", cria-se "condições de possibilidade"[35] que vão determinar como um conhecimento é reconhecido como adequado. Por isso Foucault indicava que essa filosofia era uma "arqueologia", sendo possível escavar a história de cada campo do saber.[36]

---

[33] "Nietzsche afirma que não há ser em-si, como também não pode haver conhecimento em-si. E quando diz isso, designa algo totalmente diferente do que Kant compreendia por conhecimento em-si. Nietzsche quer dizer que não há uma natureza do conhecimento, uma essência do conhecimento, condições universais para o conhecimento, mas que o conhecimento é, cada vez, o resultado histórico e pontual de condições que não são da ordem do conhecimento." Cf.: FOUCAULT, Michel. *A verdade e as formas jurídicas*. 3. ed. Rio de Janeiro: NAU Editora, 2002. p. 24.

[34] "Essa busca das condições constitui uma espécie de neo-kantismo característico de Foucault. Há, entretanto, diferenças essenciais em relação a Kant: as condições são as da experiência real, e não as de toda experiência possível (os enunciados, por exemplo, supõem um corpus determinado); elas estão do lado do "objeto", do lado da formação histórica, e não de um sujeito universal (o próprio a priori é histórico); ambas são formas de exterioridade." Cf.: DELEUZE, Gilles. *Foucault*. Tradução de Claudia Sant'Anna Martins. São Paulo: Brasiliense, 2005. p. 69.

[35] KELLY, Michael. Foucault, Habermas, and the Self-Referentiality of Critique. In: KELLY, Michael. (Ed.) *Critique and Power: Recasting the Foucault/Habermas Debate*. Cambridge: The MIT Press, 1994. p. 381.

[36] "Não se tratará, portanto, de conhecimentos descritos no seu progresso em direção a uma objetividade na qual nossa ciência de hoje pudesse enfim se reconhecer; o que se quer trazer à luz é o campo epistemológico, a epistémê onde os conhecimentos, encarados fora de qualquer critério referente a seu valor racional ou a suas formas objetivas, enraízam sua positividade e manifestam assim uma história que não é a de sua perfeição crescente, mas, antes, a de suas condições de possibilidade;

Ao invés de partir da esperança de identificar a verdadeira e única positividade, no estilo metafísico, essa filosofia acredita na presença de várias formações discursivas que criam positividades. Verdades sobre verdades, verdades em cadeia. Isso é refutar as totalidades do fundamento transcendental, cancelar a busca da origem da verdade.

Tomando como base essa fundamental negativa de qualquer forma de universal, quer ficar do lado da "raridade" e dos "acúmulos". Para aqueles que indicavam que a negativa do positivismo equivalia a um novo positivismo, ou seja, que a negativa do conhecimento objetivo representa em si uma definição de algo objetivo, Foucault dizia então ser um "positivista feliz".[37] Ora, é evidente que se trata de um tipo de filosofia bem distinto, eis uma filosofia da não-objetividade.

Pode-se dizer que a premissa incorporada por Foucault trabalha a verdade situada no tempo, que muda com o tempo, e basta olhar para trás para notar que os seres humanos vêm acumulando "um vasto cemitério de grandes verdades mortas."[38] Não há verdade intemporal, duvida-se de qualquer pretensão de verdade geral imortal.

Por consequência, não é possível saber de verdades pré-discursivas, não se consegue "desencalhar" os fatos dos seus discursos. Tudo se trata de perspectiva, estamos sempre vinculados a certas visões que

---

neste relato, o que se deve aparecer são, no espaço do saber, as configurações que deram lugar às formas diversas do conhecimento empírico. Mais que de uma história no sentido tradicional da palavra, trata-se de uma 'arqueologia'." Cf.: FOUCAULT, Michel. *As palavras e as coisas:* uma arqueologia das ciências humanas. Tradução de Salma Tannus Muchail. 9. ed. São Paulo: Martins Fontes, 2007. p. XVIII.

37 "É estabelecer o que eu chamaria, de bom grado, uma positividade. Analisar uma formação discursiva é, pois, tratar um conjunto de performances verbais, no nível dos enunciados e da forma de positividade que as caracteriza; ou, mais sucintamente, é definir o tipo de positividade de um discurso. Se substituir a busca das totalidades pela análise da raridade, o tema do fundamento transcendental pela descrição das relações de exterioridade, a busca da origem pela análise dos acúmulos, é ser positivista, pois bem, eu sou um positivista feliz, concordo facilmente." Cf.: FOUCAULT, Michel. *A arqueologia do saber.* Tradução de Luiz Felipe Baeta Neves. 7. ed. Rio de Janeiro: Forense Universitária, 2008. p. 141-142.

38 "A originalidade da pesquisa foucaultiana está em trabalhar sobre a verdade no tempo. Comecemos por ilustrar isto com toda a ingenuidade: por detrás da obra de Foucault – como por detrás da de Heidegger – está emboscado um não-dito truístico e esmagador: o passado antigo e recente da humanidade é apenas um vasto cemitério de grandes verdades mortas." Cf.: VEYNE, Paul. *Foucault, o pensamento, a pessoa.* Lisboa: Edições Texto & Grafia, 2009. p. 19.

se apresentam, modificam-se, e eventualmente se extinguem para dar espaço a outras.[39]

Diante disso, os conhecimentos humanos só podem se dar a partir das singularidades de cada momento, singularidades arbitrárias, impermanentes, caóticas. E é exatamente porque não há uma natureza a se alcançar que também não se pode amarrar um devir, anunciar previsões exatas. Não havendo um fundamento de origem natural, a história também não pode ser um rumo em direção predeterminada.[40]

A pretensão de saberes objetivos cria sempre novos objetos, produzir novos discursos significa na verdade uma modificação dos próprios objetos de conhecimento. Deve-se afirmar que não há conhecimento independente do olhar, toda pesquisa é participativa, ainda que não se tenha consciência disso.[41]

A sucessiva adesão a novas verdades, ao contrário de significar um caminho progressivo rumo ao objeto puro, é simplesmente o resultado de novas epistemes, novas maneiras de definir e enxergar as coisas. De tempos em tempos estamos "atolados" em novos discursos, que nos convencem de novas verdades.[42]

Foucault dizia que Nietzsche não produzia uma filosofia da verdade. Desviando da grande pergunta da filosofia sobre "O que é a verdade?", ele se afirmava como um filósofo do dizer-verdadeiro", pois sempre se trata de regras cambiantes segundos as quais será julgado um dizer. O intento era identificar esses jogos de "falso ou verdadeiro".[43]

---

[39] VEYNE, Paul. *Foucault, o pensamento, a pessoa*. Lisboa: Edições Texto & Grafia, 2009. p. 53.

[40] "Em contrapartida, nas coisas humanas só existem e só podem existir singularidades de um momento (os prazeres, depois a carne, etc.), porque o devir da humanidade é sem fundamento, sem vocação ou dialética que o possam ordenar; em cada época é apenas um caos de singularidades arbitrárias, saídas da concatenação caótica precedente. A frase que acabamos de ler representa, imagino eu, o princípio do qual decorre o foucaultismo." Cf.: VEYNE, Paul. *Foucault, o pensamento, a pessoa*. Lisboa: Edições Texto & Grafia, 2009. p. 56.

[41] VEYNE, Paul. *Foucault, o pensamento, a pessoa*. Lisboa: Edições Texto & Grafia, 2009. p. 61.

[42] VEYNE, Paul. *Foucault, o pensamento, a pessoa*. Lisboa: Edições Texto & Grafia, 2009. p. 78.

[43] "A filosofia de Nietzsche – gostava de repetir Foucault – não era uma filosofia da verdade, mas do dizer-verdadeiro. Para um guerreiro, as verdades são inúteis, e mais ainda, são inacessíveis; se elas estivessem ditadas pela semelhança ou a analogia

Por esse motivo, o método genealógico não quer se fixar em nenhum jogo, ele quer contemplar a dança dos jogos. Identificando as racionalizações, é possível ver que as afirmações de verdade geral são sempre precárias e não repousam sobre nada eterno. A crítica será possível a partir da indicação da parcialidade da racionalidade analisada, não da afirmativa da racionalidade verdadeira.[44]

Sendo essa metodologia muito distinta da forma clássica de produção das ciências humanas, Foucault chegou a dizer que produzia "anticiências". O método não pretende se afirmar a partir de um novo conhecimento mais rigoroso que afasta o que é especulativo e senso comum, não quer propor uma nova concretude do real, nem criar uma nova "instância teórica unitária".[45]

Pelo mesmo motivo, em outro momento afirmou que sua matriz era um "contrapositivismo", fornecendo um contraponto à intensão de uniformização inerente ao positivismo. O objeto do autor é essa "anti-

---

com as coisas, poder-se-ia desesperar ao tentar alcançá-las, como afirma Heidegger em um momento de seu percurso. Mas crendo buscar a verdade das coisas, os homens acabam apenas por fixar as regras segundo as quais será julgado o dizer como verdadeiro ou falso." Cf.: VEYNE, Paul. Le dernier Foucault et sa morale. *Critique*. Paris, v. XLIL, n. 471-472, 1985, p. 936.

[44] "Todos seus livros supõem antes isso: 'as razões pelas quais meus adversários pretendem que sua posição seja verdadeira, repousam genealogicamente sobre nada', Foucault não atacava as escolhas dos outros, mas as racionalizações que os outros incorporavam às suas escolhas. Uma crítica genealógica não diz 'eu tenho razão e os outros estão enganados', mas somente: 'os outros não têm razão ao pretender que tenham razão'." Cf.: VEYNE, Paul. Le dernier Foucault et sa morale. *Critique*. Paris, v. XLIL, n. 471-472, 1985, p. 939.

[45] "Nessa atividade, que se pode, pois, dizer genealógica, vocês veem que, na verdade, não se trata de forma alguma de opor à unidade abstrata da teoria multiplicidade concreta dos fatos; não se trata de forma alguma de desqualificar o especulativo para lhe opor, na forma de um cientificismo qualquer, o rigor dos conhecimentos bem estabelecidos. Portanto, não é um empirismo que perpassa o projeto genealógico; não é tampouco um positivismo, no sentido comum do termo, que o segue. Trata-se, na verdade, de fazer que intervenham saberes locais, descontínuos, desqualificados, não legitimados, contra a instância teórica unitária que pretenderia filtrá-los, hierarquiza-los, ordená-los em nome de um conhecimento verdadeiro, em nome dos direitos de uma ciência que seria possuída por alguns. As genealogias não são, portanto, retornos positivistas a uma forma de ciência mais atenta ou mais exata. As genealogias são, muito exatamente, anticiências." Cf.: FOUCAULT, Michel. *Em Defesa da Sociedade*: curso no Collège de France (1975-1976). 2. ed. São Paulo: WMF Martins Fontes, 2010. p. 9.

quíssima multiplicação e proliferação do dizer verdadeiro",[46] que cria regimes de verdade e produz novas formas de produzir a realidade.

Diferentemente de uma filosofia crítica que viria declarar novas condições transcendentais para os enunciados verdadeiros, essa filosofia imanente vem destacar a própria volatilidade das formas de dizer verdadeiro. Foucault se filia a uma "filosofia crítica das veridicções", segundo a qual o problema é saber "como os sujeitos são efetivamente atados nas e pelas formas de veridicção em que se envolvem."[47]

O termo *veridicção* significa justamente o jogo de verdade, jogo que coage o dizer, indicando que o conhecimento desde já é constituído por uma espécie de política (poder). O autor deseja tomar esta constatação como ponto inicial, produzir suas pesquisas com base em uma "história política das veridicções", seu trabalho pressupõe identificar essas formas de fixação conceitual segundo as quais os indivíduos definem o certo e o errado, sem que isso seja referência a uma verdade fixa.[48]

A filosofia encampada não visa apontar se certos discursos são verdadeiros ou se ocultam a verdade, seu problema é "interrogar sobre as

---

[46] FOUCAULT, Michel. *Malfazer, dizer verdadeiro:* função da confissão em juízo: curso em Louvain, 1981. Tradução de Ivone Benedetti. São Paulo: Martins Fontes, 2018. p. 11.

[47] "Se qualificarmos de filosofia crítica não a que parte do espanto por haver ser, mas da surpresa por haver verdade, será possível perceber que há duas formas de filosofia crítica. Há, por um lado, a filosofia que se pergunta em que condições pode haver enunciados verdadeiros – condições formais ou condições transcendentais. E há aquela que se interroga sobre as formas de veridicção, sobre as diferentes formas de dizer verdadeiro. No caso de uma filosofia crítica que se interroga sobre a veridicção, o problema não é de saber em que condições um enunciado será verdadeiro, mas quais são as diferentes interações instauradas entre verdadeiro e falso e de acordo com quais formas. No caso de uma filosofia crítica das veridicções, o problema não é saber como um sujeito em geral pode conhecer um objeto em geral. O problema é saber como os sujeitos são efetivamente atados nas e pelas formas de veridicção em que se envolvem." Cf.: FOUCAULT, Michel. *Malfazer, dizer verdadeiro:* função da confissão em juízo: curso em Louvain, 1981. Tradução de Ivone Benedetti. São Paulo: WMF Martins Fontes, 2018. p. 10.

[48] "Digamos numa palavra que nessa filosofia crítica não se trata de uma economia geral da verdade, mas sim de uma política histórica, ou de uma história política das veridicções." Cf.: FOUCAULT, Michel. *Malfazer, dizer verdadeiro:* função da confissão em juízo: curso em Louvain, 1981. Tradução de Ivone Benedetti. São Paulo: WMF Martins Fontes, 2018. p. 11.

razões e as formas do ato de dizer verdadeiro a propósito de coisas."[49] Eis um método que pode compreender os giros teóricos sem acabar se afirmando como um novo ponto de apoio universalista.

O fundamental é encontrar as matrizes dos conhecimentos, as regras dos jogos estabelecidos pelos saberes vigentes, os ditos *regimes de veridicção*, pois o saber não é transportado de uma fonte única. Os saberes possuem matrizes criadas pelo homem, de modo que a compreensão do que se entende por real sempre decorre dessas "formas reguladas" de experiência.[50]

Nessa direção, a epistemologia adotada por Foucault defende que o conhecimento não declara descobrir o real, ele é propriamente constitutivo do real.[51] Em outras palavras, a mente humana não reconhece o real da vida, ela propriamente faz parte do "real", está sempre ali coemergindo com a realidade.

Os jogos de veridicção são a própria forma com que apontamos a realidade, não se pode capturar uma realidade fora da mente, no ato

---

[49] "É nesse quadro geral que se situa o que tentei fazer em diferentes campos, na forma de ensaios, fragmentos e tentativas mais ou menos malogradas. Não tentei saber se o discurso dos psiquiatras ou dos médicos era verdadeiro – embora esse problema seja totalmente legítimo; não tentei determinar a qual ideologia obedecia o discurso dos criminologistas – embora esse também seja um problema interessante. O problema que quis formular era diferente: era me interrogar sobre as razões e as formas do ato de dizer verdadeiro a propósito de coisas como a loucura, a doença ou o crime." Cf.: FOUCAULT, Michel. *Malfazer, dizer verdadeiro:* função da confissão em juízo: curso em Louvain, 1981. Tradução de Ivone Benedetti. São Paulo: Martins Fontes, 2018. p. 11.

[50] "E aí me pareceu que, para estudar efetivamente a experiência como matriz para a formação dos saberes, não se devia procurar analisar o desenvolvimento ou o progresso dos conhecimentos, mas sim identificar quais eram as práticas discursivas que podiam constituir matrizes de conhecimentos possíveis, estudar nessas práticas discursivas as regras, o jogo do verdadeiro e do falso e, grosso modo, se vocês preferirem, as formas de veridicção. Em suma, tratava-se de deslocar o eixo da história do conhecimento para a análise dos saberes, das práticas discursivas que organizam e constituem o elemento matricial desses saberes, e estudar essas práticas discursivas como formas reguladas de veridicção." Cf.: FOUCAULT, Michel. *Do governo dos vivos:* curso no Collège de France (1979-1980). Tradução de Eduardo Brandão. São Paulo: WMF Martins Fontes, 2014. p. 5.

[51] "Um jogo de veridicção que vem somar-se ao real e que o transmuda, que o transforma." Cf.: FOUCAULT, Michel. *Subjetividade e verdade:* curso no Collège de France (1980-1981). Tradução de Rosemary Costhek Abílio. São Paulo: WMF Martins Fontes, 2016. p. 213.

de compreender o real já está inserida a mente em sua parcialidade. Nunca em forma pura, sempre há uma histórica. Apontar uma verdade é desde o início um ato do pensar.

Interessante ver de onde provém essa aparência de objetividade da realidade. Segundo essa filosofia, a positividade se origina precisamente do fato de que as formas de racionalidade são constantemente compartilhadas, de maneira que mais de uma pessoa pode ver a partir do mesmo ponto de vista. O discurso vencedor é aquele que conseguiu mais adeptos, não aquele que descobriu a verdade metafísica.

No sentido inverso de pretender dar vazão a uma verdade decorrente do ser abstrato ideal, seja para afirmar a ordem discursiva predominante, seja para negá-la, a adesão à Nietzsche significava fazer uma "história desse sujeito pressuposto" nos discursos científicos. Era dizer não ao método transcendental, ainda que de viés crítico, por isso era uma outra forma de fazer a crítica.[52]

Foucault desde sempre se vincula a um pensamento crítico das ciências humanas vigentes, todavia, toma o cuidado para não incorrer no equívoco tão comum da "essencialização da crítica ao essencialismo."[53] Sua forma de crítica é, assumidamente, perspectivista.

Apontar esse perspectivismo não significa, é bom frisar, ausência de valores ou imparcialidade. A adesão de Foucault à margem crítica é evidente, não podendo ser classificado como "relativista" ou adepto de um "subjetivismo".[54] O melhor entendimento é aquele que identifica

---

52 "Isto era evidentemente um retorno a Nietzsche: ao invés da verdade, o desafio era fazer a história do sujeito pressuposto por um discurso de ciência." Cf.: HARCOURT, Bernard E; BRION, Fabienne. Situação do curso. In: FOUCAULT, Michel. *Malfazer, dizer verdadeiro*: função da confissão em juízo: curso em Louvain, 1981. Tradução de Ivone Benedetti. São Paulo: WMF Martins Fontes, 2018. p. 285.

53 "Essa concepção 'estratégica' da teoria deveria prevenir uma falha muito séria que domina muito da crítica contemporânea: a 'essencialização da crítica ao Essencialismo'." Cf.: LEMKE, Thomas. Foucault, governamentalidade e crítica. *Plural*, Revista do Programa de PósGraduação em Sociologia da USP, São Paulo, v. 24, n. 1, p. 209, 2017.

54 "A genealogia alcança um destino análogo àquele que Foucault lera na mão das ciências humanas, na medida em que se refugia na objetividade sem reflexão de uma descrição ascética e não participativa de práticas de poder que variam como em um caleidoscópio, a histografia genealógica revela-se exatamente como a pseudociência presentista, relativista e cripto-normativa que não quer ser. Enquanto as ciências humanas, segundo o diagnóstico de Foucault, cedem ao irônico movimento de auto-apoderamento científico, terminando, ou melhor, agonizando em

no autor essa tentativa de inspirar o leitor a um "compromisso político", na medida em que o método genealógico torna clara a possibilidade e necessidade de mudar os rumos dos poderes em curso.[55]

Sua vontade crítica não pretende montar um corpo permanente de saber, ela quer se afirmar como uma "atitude crítica" que viabiliza encontrar os limites colocados pelos regimes de saber vigentes, de forma a deixar aí mesma a prova de sua ultrapassagem.[56] Compreender as bases de uma verdade é também entender como desmontá-la.

Foucault quer ver as verdades como "acontecimentalização", mostrar que a suposta estabilidade das verdades decorre de matrizes precárias. A identificação desses regimes que ditam as verdades é a própria possibilidade de seus desaparecimentos, pois identifica suas fragilidades.[57]

Essa análise teórica visa apontar "linhas de força" como estratégia de intervenção. Ela faz um mapa dos campos de força dos discursos de verdade, possibilitando uma luta pelo saber que pode refutar as bases

---

um objetivismo irremediável, na historiografia genealógica cumpre-se um destino não menos irônico: segue o movimento de uma extinção radicalmente historicista do sujeito e termina em um subjetivismo irremediável." Cf.: HABERMAS, Jürgen. *O discurso filosófico da modernidade.* São Paulo: Martins Fontes, 2000. p. 386-387.

55 "Por outro lado, no entanto, longe de minar todas as formas de normatividade e ser na verdade autodestrutiva, a genealogia foucaultiana possui força normativa sui generis: constitui um quadro concreto para a ação (um 'nós' político) com o objetivo de incitar em seu leitores um senso de compromisso político - desde que não interpretemos nenhuma das noções como universal ou a-histórica, mas como contingente, maleável e historicamente situada." Cf.: LORENZINI, Daniele. On Possibilizing Genealogy. *Inquiry*, p. 17, 2020. Disponível em: https://www.tandfonline.com/doi/abs/10.1080/0020174X.2020.1712227. Acesso em: 4 jun. 2020.

56 "É preciso considerar a crítica de nós mesmos não certamente como uma teoria, uma doutrina, nem mesmo como um corpo permanente de saber que se acumula: é preciso concebê-la como uma atitude, um êthos, uma via filosófica em que a crítica do que somos é simultaneamente análise histórica dos limites que nos são colocados e prova de sua ultrapassagem possível." Cf.: FOUCAULT, Michel. *Arqueologia das Ciências e História dos Sistemas de Pensamento.* Rio de Janeiro: Forense Universitária, 2005. (Ditos e Escritos II). p. 351.

57 "Acontecimentalização no que tem a ver a alguma coisa cuja estabilidade, cujo enraizamento, cujo fundamento não é nunca tal que não se possa de uma maneira ou de outra, se não pensar em seu desaparecimento, ao menos identificar pelo que e a partir de que seu desaparecimento é possível." Cf.: FOUCAULT, Michel. O que é a crítica? Tradução de Antonio C. Galdino. *Cadernos da Faculdade de Filosofia e Ciências da UNESP*, Marília, v.9, n. 1, p. 187, 2000.

de veridicção. O autor desloca os eixos sobre os quais se constroem os saberes vigentes, apresenta "indicadores táticos" para a crítica.[58]

A crítica de Foucault se dá justamente a partir do ponto que traz à luz a existência de um poder inerente à produção das ciências humanas. Essa parcialidade, esse percurso histórico que dá um *sentido* a saberes pretensamente rígidos, é isso que configura o ponto chave de sua análise, a base que anima sua analítica do conhecimento.

O que Foucault fará quando se interessa por compreender as práticas humanas não é diferente. Entrando agora propriamente na análise política que ele propõe, pode-se dizer que a genealogia do poder é o reflexo imediato desse método filosófico: assim como não há saber universal, também não há poder universal. A verdade não é objetiva, o poder não é objetivo. Se o ato humano pressupõe um pensamento, e o pensamento é histórico, o ato sempre será igualmente histórico.

O autor lança as bases de um novo jeito de pensar a política, em que a crítica das relações sociais postas se dará por uma "desnaturalização do presente". Posicionando-se desde sempre como alguém que pretende contestar as opressões estabelecidas e maximizar a capacidade de promover novas formas políticas, vincula-se a uma filosofia crítica.[59]

A premissa foucaultiana é desfazer os efeitos de coerção demonstrando as racionalidades que induziram o campo estratégico das ações. Não como uma forma de resistência que pretenda a ausência de todo

---

[58] "Por conseguinte, o imperativo que embasa a análise teórica que se procura fazer - já que tem de haver um -, eu gostaria que fosse simplesmente um imperativo condicional do gênero deste: se você quiser lutar, eis alguns pontos-chave, eis algumas linhas de força, eis algumas travas e alguns bloqueios. Em outras palavras, gostaria que esses imperativos não fossem nada mais que indicadores táticos. Cabe a mim saber, é claro, e aos que trabalham no mesmo sentido, cabe a nós por conseguinte saber que campos de forças reais tomar como referência para fazer uma análise que seja eficaz em termos táticos. Mas, afinal de contas, é esse o círculo da luta e da verdade, ou seja, justamente, da prática filosófica." Cf.: FOUCAULT, Michel. *Segurança, território, população*: curso no Collège de France (1977-1978). Tradução de Eduardo Brandão. São Paulo: Martins Fontes, 2008. p. 6.

[59] "Mas os tipos de estudos que estão sob o signo das histórias do presente têm uma ambição genealógica, ao invés de sociológica. Através da desestabilização e desnaturalização do presente, eles visam ajudar a maximizar a capacidade dos indivíduos e coletividades de moldar os conhecimentos, contestar as autoridades e configurar as práticas que os governam em nome de sua natureza, sua liberdade e sua identidade." Cf.: ROSE, Nikolas. *Powers of freedom*. Cambridge: Cambridge University Press, 2004. p. 282.

e qualquer poder, porém uma expressão da "vontade de não ser governado assim, dessa forma",⁶⁰ uma crítica sempre pontual.

Desde sempre aderindo a uma posição contestadora dos poderes estabelecidos de seu tempo, vinha fazer a história das formas de comportamento para mostrar suas matrizes, todavia, sem querer se afirmar em um novo valor universal que deveria atravessar a humanidade.⁶¹

Portanto, Foucault não representa uma mera continuidade do pensamento crítico vigente, ele é mesmo o representante de um novo movimento que pode ser entendido como "contranfundacional".⁶² Ele desponta como o maior nome dessa nova forma de análise política que é simbolizada pelo maio de 1968.⁶³

Expressando um conjunto de novas críticas, feitas a partir de uma outra filosofia, esse movimento se desprendia de Marx em vários aspectos relevantes. Pode ser entendido como uma segunda onda crítica, que se reconfigurava a partir da história do século XX.⁶⁴

---

60 "Sobre o ponto das variações de formulações: eu não penso, com efeito, que a vontade de não ser governado de jeito nenhum seja algo que se possa considerar como uma aspiração originária. Eu penso que, de fato, a vontade de não ser governado é sempre a vontade de não ser governado assim, dessa forma, por elas, a esse preço. Quanto à formulação de não ser governado em absoluto, ela me parece ser de alguma espécie o paroxismo filosófico e teórico de alguma coisa que seria essa vontade de não ser relativamente governado." FOUCAULT, Michel. O que é a crítica? Tradução de Antonio C. Galdino. *Cadernos da Faculdade de Filosofia e Ciências da UNESP*, Marília, v. 9, n. 1, 187, 2000.

61 "O intelectual específico propõe apenas pensar o presente em sua singularidade, sem procurar incluí-lo no processo de uma história universal dotada de um significado coerente e unívoco, e isso em vista de uma liberdade não para amanhã, como são todas as ideologias de libertação, mas para hoje." Cf.: MACHEREY, Pierre. *In a Materialist Way*. Londres: Verso, 1998. p. 105.

62 HARCOURT, Bernard. *Critique & Praxis*. Nova York: Columbia University Press, 2020. p. 96.

63 "Esses desafios epistemológicos dentro da filosofia crítica durante os anos 1960 fraturaram qualquer coerência possível que o marxismo originalmente emprestou ao empreendimento. Concepções radicalmente diferentes de poder, de desejo, de subjetividade testavam qualquer coesão possível." Cf.: HARCOURT, Bernard. *Critique & Praxis*. Nova York: Columbia University Press, 2020. p. 120.

64 "A reflexão que Foucault empreende sobre a racionalidade governamental moderna faz parte, antes de mais nada, do desenvolvimento de um pensamento de esquerda – para o qual contribuía a 'segunda esquerda' - que se distanciou do marxismo e se abriu para novas questões (a vida cotidiana, a situação das mulheres, a autogestão, etc.)." Cf.: SENELLART, Michel. Situação dos cursos. In:

Deleuze disse sobre Foucault: "é como se, enfim, algo de novo surgisse depois de Marx".[65] Foucault trouxe uma nova problemática do poder nos seus primeiros anos de atuação no Collège de France, marcada por uma "transversalidade" estranha ao pensamento crítico de até então.[66]

O maio de 1968 funcionou como um catalizador de uma série de novas críticas e Foucault se tornaria um dos primeiros a enunciá-las no campo teórico, construindo uma outra forma de análise que não abriria mão de contestar o liberalismo, nem fecharia os olhos para os problemas das experiências fascistas[67] e das "instituições próprias ao marxismo".[68]

A partir de Foucault surge a necessidade de se elaborar uma "teoria crítica contrafundacional", de forma que o pensamento crítico não pode

---

FOUCAULT, Michel. *Segurança, território, população*: curso dado no Collège de France (1977-1978). Tradução de Eduardo Brandão. São Paulo: Martins Fontes, 2008. p. 498.

65 DELEUZE, Gilles. *Foucault*. Tradução de Claudia Sant'Anna Martins. São Paulo: Brasiliense, 2005. p. 40.

66 "O que, de maneira difusa ou mesmo confusa, caracterizava o esquerdismo era, em termos de teoria, um novo questionamento do problema do poder, voltado tanto contra o marxismo quanto contra as concepções burguesas e, em termos de prática, um certo tipo de lutas locais, específicas, cujas relações e necessária unidade não poderiam mais vir de um processo de totalização nem de centralização, mas como disse Guattari, de uma transversalidade. Esses dois aspectos, o prático e o teórico, estão estreitamente ligados. Mas o esquerdismo não deixou também de conservar ou de reintegrar extratos bastante sumários de marxismo, acabando por se enterrar nele novamente e restaurar as centralizações de grupo que retomavam a antiga prática, inclusive o stalinismo. De 1971 a 1973, o GIP (Groupe information prisons) funcionou sob a impulsão de Foucault e de Defert, como um grupo que soube evitar essas reincidências mantendo um tipo de relação original entre a luta das prisões e outras lutas. E quando Foucault volta em 1975 com uma publicação teórica, deve ter sido o primeiro a inventar essa nova concepção de poder, que buscávamos mas não conseguíamos encontrar nem enunciar." Cf.: DELEUZE, Gilles. *Foucault*. Tradução de Claudia Sant'Anna Martins. São Paulo: Brasiliense, 2005. p. 34.

67 Ver os sete princípios inseridos no texto "introdução à vida não fascista", escrito por Foucault para constar como prefácio de O Anti-Édipo. Cf.: FOUCAULT, Michel. *Repensar a política*. Tradução de Ana Lúcia Paranhos Pessoa. Rio de Janeiro: Forense Universitária, 2010. (Ditos e escritos VI). p. 103-106.

68 "Pode-se dizer que o que aconteceu a partir de 68 – e, provavelmente, aquilo que o preparou – era profundamente antimarxista. Como é que os movimentos revolucionários europeus vão poder se libertar do "efeito-Marx", das instituições próprias ao marxismo dos séculos XIX e XX? Era esta a orientação deste movimento." Cf.: FOUCAULT, Michel. *Microfísica do poder*. 26. ed. Rio de Janeiro: Edições Graal, 2008. p. 147.

ser mais o mesmo. As inovações genealógicas vieram para ficar, forçam um questionamento de certas premissas centrais do pensamento político crítico predominante, empurram a teoria crítica para uma reformulação.[69]

Se algo inerente a Foucault era seu desprendimento com relação a certos conceitos de Marx, a tarefa de identificar esses pontos não foi facilitada pelo autor, talvez até por opção estratégica. A decisão de citar Marx "sem colocar aspas"[70] dificulta ainda mais o estudo dessas divergências, o que só é possível esclarecer conjugando uma série de textos e entrevistas. Porém, é de se destacar, a analítica do poder de Foucault não se resume a um embate com Marx, apesar desse debate ser profundamente frutífero para o contexto teórico em que vivemos.

Em raros momentos de sua trajetória, Foucault tentou expressar de uma maneira mais esquemática as diretrizes de sua visão sobre a política.[71] Outros autores tentaram fazer esse esforço de identificação das premissas fundamentais de Foucault, cada um à sua maneira, com destaque para Gilles Deleuze.[72] O objetivo aqui não será bem sintetizar, e sim fornecer uma visão que parece ser a melhor que o autor permite.

Parte-se da ideia de que há dois pontos que são especialmente úteis no cerne da visão política foucaultiana, é o que será apresentado a seguir. Segundo o autor, uma análise da atualidade pode ser qualificada quando compreendemos que: 1) o poder se exerce por racionalidades; e 2) o poder funciona por microfísicas.

---

69 Cf.: HARCOURT, Bernard. *Critique & Praxis*. Nova York: Columbia University Press, 2020. p. 231.

70 "Eu cito Marx sem dizê-lo, sem colocar aspas, e como eles não são capazes de reconhecer os textos de Marx, eu passo por ser aquele que não cita Marx." Cf.: FOUCAULT, Michel. *Estratégia, saber-poder*. Tradução de Vera Lucia Avellar Ribeiro. 2. ed. Rio de. Janeiro: Forense Universitária, 2006. (Ditos e escritos IV). p. 173.

71 Destaque para as "quatro regras gerais" inseridas em Vigiar e Punir e as quatro "prescrições de cautela" presentes em *A vontade de saber*. Cf.: FOUCAULT, Michel. *Vigiar e punir*. 28. ed. Petrópolis: Vozes, 2010. p. 26-27; FOUCAULT, Michel. *História da sexualidade 1*: a vontade de saber. 21. ed. Rio de Janeiro: Graal, 2011. p. 108-113.

72 Deleuze apresenta essa síntese a partir de seis postulados. Cf.: DELEUZE, Gilles. *Foucault*. Tradução de Claudia Sant'Anna Martins. São Paulo: Brasiliense, 2005. p. 34-39.

1.1. RACIONALIDADES DO PODER

> *A racionalidade política se desenvolveu e se impôs ao longo da história das sociedades ocidentais. Inicialmente, ela se enraizou na ideia do poder pastoral, depois, na da razão de Estado. A individualização e a totalização são seus efeitos inevitáveis. A liberação só pode vir do ataque não a um ou outros desses efeitos, mas às próprias raízes da racionalidade política.*
>
> Michel Foucault, *Ditos e escritos IV*.

Para Foucault, as relações de poder são veiculadas pelas formas de racionalidade, as quais por sua vez não possuem nenhuma base rígida de objetividade. Logo, a característica essencial dessa forma de entender a sociedade é uma contraposição ao projeto positivista.

Como se sabe, foi Auguste Comte quem primeiro declarou constituir uma visão "positivista" das relações sociais. O autor francês, longe de inaugurar esse tipo de pensamento, figura no auge do iluminismo e se destaca por querer anunciar em seu *Curso de filosofia positiva* – finalizado em 1842 – uma maneira objetiva de compreender a sociedade. Sua teoria ganha grande destaque e é considerada o nascimento da Sociologia.

A lição parecia ser a continuidade de uma lógica que movimentava o campo científico em várias outras áreas. A ciência era o lugar de identificar as "leis efetivas" que decorrem das "causas íntimas" dos fenômenos, usando pretensamente um método longe de qualquer especulação religiosa ou metafísica.[73]

Olhando para os avanços apontados pelas novas técnicas desenvolvidas na Astronomia, Física, Química e Fisiologia, Comte acreditava estar completando um grande projeto científico ao desvendar o quinto e último elo do sistema filosófico da modernidade: a física social. Era o passo final no caminho de homogeneizar a criação do "estado po-

---

[73] "Enfim, no estado positivo, o espírito humano, reconhecendo a impossibilidade de obter noções absolutas, renuncia a procurar a origem e o destino do universo, a conhecer as causas íntimas dos fenômenos, para preocupar-se unicamente em descobrir, graças ao uso bem combinado do raciocínio e da observação, suas leis efetivas, a saber, suas relações invariáveis de sucessão e de similitude." Cf.: COMTE, Auguste. *Curso de filosofia positiva*. Tradução de José Arthur Giannotti e Miguel Lemos. São Paulo: Abril Cultural, 1978. p. 36.

sitivo", perfazendo o caráter de universalidade necessária para que o homem supere em definitivo as filosofias precedentes.[74]

Sua ciência declarava apresentar as "leis naturais invariáveis" que regem a vida em sociedade, assim como os demais ramos científicos vinham identificando as leis que regiam os fenômenos da natureza. Apesar das sociedades se comportarem de forma distinta a depender do local, todas elas estariam sujeitas a uma estrutura fundamental que apenas a contemplação positiva poderia perceber.[75]

Essa "base objetiva", necessariamente imutável, é a que apontaria a forma correta de sociabilidade, superior a todas as demais justamente porque decorre da própria natureza das relações. Ultrapassando qualquer visão *sobrenatural*, era preciso negar todas as formas de *subjetivismo* para finalmente alcançar a organização social adequada, além de qualquer sentimento. O funcionamento das relações sociais decorre de uma "ordem verdadeiramente exterior", confirmada por toda nossa existência "apesar de nós mesmos".[76]

---

[74] "Se essa condição for uma vez realmente preenchida, o sistema filosófico dos modernos estará fundado, enfim, em seu conjunto, pois nenhum fenômeno observável poderia evidentemente deixar de entrar numa das cinco grandes categorias, desde já estabelecidas: fenômenos astronômicos, físicos, químicos, fisiológicos e sociais. Homogeneizando-se todas as nossas concepções fundamentais, a filosofia constituir-se-á definitivamente no estado positivo. Sem nunca mais poder mudar de caráter, só lhe resta desenvolver-se indefinidamente, graças a aquisições sempre crescentes, resultantes inevitáveis de novas observações ou de meditações mais profundas. Tendo adquirido com isso o caráter de universalidade que lhe falta ainda, a filosofia positiva se tornará capaz de substituir inteiramente, com toda a superioridade natural, a filosofia teológica e a filosofia metafísica." Cf.: COMTE, Auguste. *Curso de filosofia positiva*. Tradução de José Arthur Giannotti e Miguel Lemos. São Paulo: Abril Cultural, 1978. p. 48.

[75] "Para apreciar suficientemente essa reação indispensável, é preciso conceber essa ordem exterior como abarcando, além do mundo propriamente dito, o conjunto de nossos fenômenos que, apesar de serem os mais modificáveis de todos, também se sujeitam a leis naturais invariáveis, principal objetivo de nossas contemplações positivas." Cf.: COMTE, Auguste. *Curso de filosofia positiva*. Tradução de José Arthur Giannotti e Miguel Lemos. São Paulo: Abril Cultural, 1978. p. 251.

[76] "A seu princípio subjetivo, a preponderância do sentimento, o positivismo associa pois uma base objetiva, a imutável necessidade exterior, a única a permitir realmente subordinar a sociabilidade ao conjunto de nossa existência. A superioridade da nova sistematização sobre a antiga é mais evidente deste segundo aspecto do que do primeiro. Porquanto, este elo objetivo resultava, no teologismo, da crença espontânea nas vontades sobrenaturais. Ora, seja qual for a realidade que se atribua a essa ficção, a fonte permanecia subjetiva, o que devia tornar confusa e muito móvel

Para o autor, o desenvolvimento da sociedade viria da atenção a esses pressupostos naturais da convivência social, que apenas àquela altura a humanidade estava tendo acesso, pelo uso correto da ciência. Era a afirmação de uma forma de compreender e instruir a sociedade a partir do objetivismo, na lógica das ciências naturais do século XIX. A história encontraria, enfim, a sua verdade última.

Alcançando a "ordem", por se afastar da metafísica dos revolucionários, e viabilizando o "progresso", por se divorciar das escolas retrógradas religiosas, a física social seria a única a conciliar os dois elementos fundamentais que se adequam às leis naturais invariáveis do fenômeno social.[77]

Como se percebe, o apelo a argumentos universalistas certamente é a forma de retórica, ancorando-se em pontos supostamente indiscutíveis. Afinal, se as regras anunciadas expressavam uma natureza imutável, o autor estaria constatando um dogma, um marco de partida fora de qualquer suspeita.

Hoje, não é preciso muito esforço para perceber que o projeto comtiano de superação da metafísica acabava caindo em uma nova forma de metafísica. Crendo em leis universais, sua teoria era partidária de um objetivismo universal, ignorando que a mente humana é constitutiva das relações e se expressa sempre historicamente.[78]

Tudo indica que esse pressuposto universalista sobre as relações sociais, indicadas por Comte como "positivismo", é uma marca filosófica presente na maior parte das análises políticas atuais. Inclusive, muitas delas caindo na mesma falha de Comte: para criticar uma análise objetiva, acabam se apegando a uma outra base de mesma natureza.

---

sua eficácia habitual. A disciplina correspondente não podia ser comparável, nem em evidência nem em energia, nem mesmo em estabilidade, com a que comporta a noção contínua duma ordem verdadeiramente exterior, confirmada, apesar de nós mesmos, por toda nossa existência." Cf.: COMTE, Auguste. *Curso de filosofia positiva*. Tradução de José Arthur Giannotti e Miguel Lemos. São Paulo: Abril Cultural, 1978. p. 252.

77 GIDDENS, Anthony. *Em defesa da sociologia*. São Paulo: UNESP, 2001. p. 220-224.

78 ROCHA, Joao Alberto da Costa. *Michel Foucault*: crítico-esteta-cínico mitigado. Campina Grande: EDUEPB, 2014. p. 170.

Não por outro motivo, a genealogia pode ser entendida como um profundo contrapositivismo, pois nega o positivismo sem precisar se fixar em um novo positivismo. Cria uma analítica social sem cair na pretensão de uma *teoria do poder* unitária, que viria se afirmar a partir de um novo objetivismo.

Quando a genealogia faz história, é justamente para *desobjetificar* as ciências humanas, tornar a análise política coerente com o fato de que os homens só veem a realidade a partir da parcialidade da mente. A mente sempre está em perspectiva. É o abandono de todo universalismo, em favor de uma visão social que inclui em seu cerne o caráter precário, cambiável, das racionalidades.

Para esclarecer e desenvolver esse ponto, parece haver dois conceitos centrais no percurso teórico de Foucault sobre o poder. Eles não se darão ao mesmo tempo, são formas com as quais o autor foi construindo e complexificando sua visão: saber-poder e subjetivação.

Desde seu primeiro curso envolvendo uma análise genealógica das práticas humanas, Foucault pôs em questão o fato primordial de que é possível identificar as formas de pensamento que conduzem as ações. Da mesma forma que ele havia afirmado a existência do *poder* na produção do saber, haveria de apontar agora o *saber* inerente às formas de poder.[79]

É esse efeito recíproco que faz com que Foucault adicione um hífen entre as duas palavras, para que se torne desde já evidente que um não funciona sem o outro.[80] Ele usará "saber-poder" ou "poder-saber" para destacar essa mútua referência. Na sua elaboração política, isso quer significar a necessidade de que o estudo das veridicções assuma um posto central para compreender as dinâmicas sociais.

Entender as práticas a partir da veridicção não era simplesmente afirmar a importância da mente, todavia, era registrar uma forma especí-

---

[79] "Nenhum saber se forma sem um sistema de comunicação, de registro, de acumulação, de deslocamento que é em si mesmo uma forma de poder e que, em sua existência e seu funcionamento, está ligado às outras formas de poder. Em contrapartida, nenhum poder se exerce sem a extração, a apropriação, a distribuição ou a retenção de um saber. Nesse nível, não há o conhecimento de um lado e a sociedade do outro, ou a ciência e o Estado, e sim as formas fundamentais do 'poder-saber'." Cf.: FOUCAULT, Michel. *Teorias e instituições penais:* curso no Collège de France (1971-1972). Tradução de Rosemary Costhek Abilio. São Paulo: WMF Martins Fontes, 2020. p. 211.

[80] "Poder e saber estão sempre mistos, a separação conceitual é sempre uma abstração." Cf.: DELEUZE, Gilles. *El poder:* curso sobre Foucault II. Ciudad autónoma de Buenos Aires: Cactus, 2014. p. 170.

fica de conceber o funcionamento da mente. Conforme já explicado, Foucault não parte de nenhuma verdade fundamental sobre a natureza humana, os jogos mentais funcionam sem nenhuma base universal a partir da qual se possa afirmar o certo e o errado.

Os parâmetros de veridicção são constituídos historicamente, de maneira aleatória, sem origem e sem fim pré-definidos.[81] Quando Foucault fazia história para demonstrar certos acontecimentos, não partia de nenhum historicismo, ou seja, de nenhuma visão que atribui uma lógica eterna ao decurso dos fatos.[82]

As relações se dão em um contexto de verdades construídas, nessa história de racionalidades criadas. Isso significa afirmar o caráter "ativo" do poder, que se exerce justamente por meio desse processo de produção de verdades, não sendo mero objeto passivo de verdades fixas.[83]

Esse caráter *criador* do poder chama a atenção de Foucault. O poder não funciona diante de uma natureza primordial das normalidades, ele propriamente cria o normal. Daí focar em como o saber-poder age por "normalização", produzindo a "norma" a partir do qual os atos poderão ser classificados como normais e anormais, adequados e inadequados. Antes do normal: a norma.[84]

O processo de normalização é, em outras palavras, tentar objetificar o que é subjetivo. Ao padronizar e tornar compartilhado o padrão,

---

[81] ROSA, Pablo Ornelas. *Drogas e governamentalidade neoliberal*: uma genealogia da redução de danos. Florianópolis: Insular, 2014.

[82] "O historicismo parte do universal e passa-o, de certo modo, pelo ralador da história. Meu problema é o inverso disso." Cf.: FOUCAULT, Michel. *Nascimento da biopolítica*. Tradução de Eduardo Brandão. São Paulo: Martins Fontes, 2008. p. 5

[83] "É assim que se produz o processo de subjugação, a 'marca' do poder, um processo psicológico que nunca é passivo, que é sempre ativo." Cf.: HARCOURT, Bernard; EWALD, François. Situação do curso. In: FOUCAULT, Michel. *Teorias e instituições penais:* curso no Collège de France (1971-1972). Tradução de Rosemary Costhek Abilio. São Paulo: WMF Martins Fontes, 2020. p. 242.

[84] "A normalização disciplinar consiste em primeiro colocar um modelo, um modelo ótimo que é construído em função de certo resultado, e a operação de normalização disciplinar consiste em procurar tornar as pessoas, os gestos, os atos, conformes a esse modelo, sendo normal precisamente quem é capaz de se conformar a essa norma e o anormal quem não é capaz. Em outros termos, o que é fundamental e primeiro na normalização disciplinar não é o normal e o anormal, é a norma." Cf.: FOUCAULT, Michel. *Segurança, território, população*: curso no Collège de France (1977-1978). Tradução de Eduardo Brandão. São Paulo: Martins Fontes, 2008. p. 75.

promove comportamentos por meio da criação de uma aparência de objetividade, que ao fundo é sempre uma elaboração da mente.

É a norma que define valores, definindo o que entra no campo do problematizável. Esse normal é o que cria o desejado, o tolerado e repulsivo, proliferando efeitos nas formas com que as pessoas agem e deixam de agir conforme a baliza.

Confecciona-se "princípios positivos de valorização" e, a partir deles, um jogo de valorização que promove permissões ou proibições. O poder funciona em regra através dessa organização da percepção, sendo as proibições casos-limite. Nesses termos, o autor quer se livrar da chamada "ilusão de código ou miragem jurídica", que supõe o funcionamento do poder como sinônimo de repressão.[85]

Exatamente porque as racionalizações não possuem uma natureza, também não faz sentido querer compreender o poder como algo que "reprime" a natureza. A "aceitabilidade" do exercício de poder decorre desse nexo entre saber-poder, o poder age através de jogos de saber.[86]

Há uma espécie de *repressivismo*[87] nas análises clássicas do poder, teorias que ficam limitadas ao *efeito negativo* da expressão do poder. Os

---

85 "Quero mostrar quais são os processos ativos, permanente, contínuos de valorização que organizam uma percepção graduada das coisas – processos ativos, contínuos e permanentes de valorização que servem de suporte, em certos pontos de sua organização, para algumas grandes proibições que, elas sim são claras, nítidas, categóricas. Mas me parece que as grandes formas de proibição nítidas, claras e categóricas no fundo são apenas os casos-limite, os pontos extremos de algo que é um verdadeiro princípio de organização da percepção e da valorização. E esses princípios não são princípios negativos de proibição, e sim princípios positivos de valorização. Em suma, estaria em causa, sempre do ponto de vista metodológico, nos livrarmos do que poderíamos chamar de ilusão de código ou miragem jurídica, que funciona tradicionalmente nesse tipo de análise." Cf.: FOUCAULT, Michel. *Subjetividade e verdade:* curso no Collège de France (1980-1981). Tradução de Rosemary Costhek Abílio. São Paulo: WMF Martins Fontes, 2016. p. 90-91.

86 "Não se trata, então, de descrever o que é saber e o que é poder e como um reprimiria o outro ou como o outro abusaria daquele, mas trata-se antes de descrever um nexo de saber-poder que permita entender o que constitui a aceitabilidade de um sistema, quer seja o sistema da doença mental, da penalidade, da delinquência, da sexualidade etc." Cf.: FOUCAULT, Michel. O que é a crítica? Tradução de Antonio C. Galdino. *Cadernos da Faculdade de Filosofia e Ciências da UNESP*, Marília, v. 9, n. 1, p. 184, 2000.

87 LEMOS, Clécio. *Foucault e a Justiça pós-penal:* críticas e propostas abolicionistas. Belo Horizonte: Letramento, 2019. p. 60-66.

poderes estão muito mais presentes do que seus momentos de negativa, eles conformam as ações das pessoas por maneiras muito mais sutis e eficazes do que o uso de proibições. Os poderes estão na própria criação do correto, do desejável.

O poder não deve ser entendido como uma essência, pois o agir humano não tem natureza, assim como o saber não é natural. Foucault não vai propor uma resposta à pergunta "O que é o poder?", ele vai tentar explicar como os poderes se exercem junto com os saberes.[88]

Eis a chamada "regra de imanência", conforme a qual não há nenhuma "exterioridade" entre técnicas de saber e estratégias de poder. Ou seja, objetos de saber são frutos de seletividades, por isso há poder em sua criação. Por sua vez, os poderes são viabilizados por meio de procedimentos de saber, racionalidades.[89]

Os programas de poder são então viabilizados por uma diversidade de saberes, sempre de forma histórica e conjuntural, não decorrentes de unidade primordial. As maneiras de agir são promovidas por modos de entender e valorar a realidade.[90]

Para a genealogia foucaultiana, não há *a verdade* ou *o poder*, mas sempre múltiplas verdades e poderes. Influenciado em certo nível por Nietzsche,[91] seu perspectivismo aqui é trazido para o campo do poder,

---

[88] "É necessário insistir, como fez frequentemente o autor, em que seu propósito não é elaborar uma teoria acerca do poder. Suas investigações desses anos descrevem antes, por exemplo, como funciona o poder de castigar ou de curar nos séculos XVIII e XIX, porém não buscam encontrar uma resposta à pergunta: que é o poder?" Cf.: CASTRO, Edgardo. *Introdução a Foucault.* Tradução de Beatriz de Almeida Magalhães. Belo Horizonte: Autêntica, 2014. p. 84.

[89] FOUCAULT, Michel. *História da sexualidade 1:* a vontade de saber. 21. ed. Rio de Janeiro: Graal, 2011. p. 109.

[90] "Analisar, então, não é buscar uma unidade oculta por trás dessa diversidade complexa. Muito pelo contrário. É revelar a historicidade e a contingência das verdades que vieram a definir os limites de nossos modos contemporâneos de nos entender, individual e coletivamente, e os programas e procedimentos reunidos para nos governar. Ao fazer isso, é perturbar e desestabilizar esses regimes, identificar alguns dos pontos fracos e linhas de fratura em nosso presente, onde o pensamento pode se inserir para fazer a diferença." Cf.: ROSE, Nikolas. *Powers of freedom.* Cambridge: Cambridge university press, 2004. p. 276.

[91] Aqui vale indicar uma certa mudança de rota que Foucault opera na apropriação de Nietzsche. Ao invés de pensar uma generalização da vontade de poder/potência, Foucault pensava sempre os poderes em pluralidade. Cf.: VALVERDE, Mariana.

abrindo caminho para compreender as relações políticas a partir das verdades admitidas em cada tempo.[92]

Cada momento histórico é intimamente ligado aos acontecimentos discursivos que são veiculados, entender o que se passa só pode ser feito por meio dessa investigação das formas de racionalizar que produzem os atos da vida externa.[93]

Os efeitos que os regimes de veridicção produzem nos atos das pessoas não atestam uma verdade imutável. A funcionalidade desses jogos mentais não depende de uma análise material de seu conteúdo, eles geram efeito porque são assumidos como verdadeiros.[94]

Essa maleabilidade decorre de uma filosofia que dispensa o papel do "intelectual universal", de maneira que haverá sempre uma especificidade

---

Michel Foucault. Nova York: Routledge, 2017. p. 22; VEYNE, Paul. *Foucault, o pensamento, a pessoa*. Lisboa: Edições Texto & Grafia, 2009. p. 99.

92 "Implica, ao contrário, que se leve em consideração a multiplicidade dos regimes de verdade e o fato de que todo regime de verdade, seja ele científico ou não, comporta formas específicas de vincular, de maneira mais ou menos constrangente, a manifestação do verdadeiro e o sujeito que a opera." Cf.: FOUCAULT, Michel. *Do governo dos vivos:* curso no Collège de France (1979-1980). Tradução de Eduardo Brandão. São Paulo: WMF Martins Fontes, 2014. p. 92.

93 "Assim, meu projeto não é o de fazer um trabalho de historiador, mas descobrir por que e como se estabelecem relações entre os acontecimentos discursivos. Se faço isso, é com o objetivo de saber o que somos hoje. Quero concentrar meu estudo no que nos acontece hoje, no que somos, no que é nossa sociedade. Penso que há, em nossa sociedade e naquilo que somos, uma dimensão histórica profunda e, no interior desse espaço histórico, os acontecimentos discursivos que se produziram há séculos ou há anos são muito importantes. Somos inextricavelmente ligados aos acontecimentos discursivos." Cf.: FOUCAULT, Michel. *Estratégia, saber-poder*. Tradução de Vera Lucia Avellar Ribeiro. 2. ed. Rio de. Janeiro: Forense Universitária, 2006. (Ditos e escritos IV). p. 258.

94 "Por fim, quarta característica do jogo de veridicção: eu diria que, ao mesmo tempo que é suplementar, inútil, não unitário, não fundamentalmente, não essencialmente científico, esse jogo entretanto não é sem efeito. Esse jogo da verdade e do erro, esse jogo do verdadeiro e do falso, esses regimes de veridicção tem efeitos no real, efeitos que não se devem ao fato de a verdade ser produzida por esses jogos de veridicção. Não é a relação sagital do jogo de veridicção com a coisa verdadeira que seria dita por esta que é importante." Cf.: FOUCAULT, Michel. *Subjetividade e verdade:* curso no Collège de France (1980-1981). Tradução de Rosemary Costhek Abílio. São Paulo: WMF Martins Fontes, 2016. p. 214.

nas relações entre saber e poder de cada época. Não porque iguala saber e poder, mas porque reconhece a referência mútua presente entre eles.[95]

A análise das "positividades" (saberes) e dos poderes deve ser sempre relacional, sem que um seja sempre origem e o outro sempre consequência. Eles são reciprocamente dependentes, por isso se modificam e podem se remodelar incessantemente no caminhar histórico.[96]

Nesse método, Foucault quer escapar de um estudo do poder que parta de um objeto já definido. Sua análise refuta o "privilégio do objeto", justamente porque percebe que o próprio objeto de saber já é fruto de uma seletividade (poder). Partir de um campo de conhecimento seletivo não pode gerar uma compreensão imparcial das relações humanas.[97]

Contudo, dizer que o poder se dá por veridicção, apontando uma criação conjunta de saber-poder, significa também que não existe uma base objetiva fixa de onde surgem os pensamentos, uma matriz permanente que orienta os regimes de pensamento. Aqui se pode destacar um primeiro ponto relevante de afastamento com relação a Marx.[98]

---

[95] "Por outro lado, poder e saber não são idênticos. Foucault não tenta reduzir o saber a uma base hipotética de poder nem conceituar poder como uma estratégia sempre coerente. Ele tenta mostrar a especificidade e a materialidade de suas correlações. Eles têm uma relação não causal que deve ser determinada em sua especificidade histórica. Esta mútua produção de poder e saber é uma das maiores contribuições de Foucault. O intelectual universal joga o jogo do poder por não conseguir compreender esta questão." Cf.: DREYFUS, Hubert; RABINOW, Paul. *Michel Foucault, uma trajetória filosófica*: para além do estruturalismo e da hermenêutica. Tradução de Vera Porto Carrero. Rio de Janeiro: Universitária, 1995. p. 222.

[96] "O poder não é nem fonte nem origem do discurso. O poder é alguma coisa que opera através do discurso, já que o próprio discurso é um elemento em um dispositivo estratégico de relações de poder." Cf.: FOUCAULT, Michel. *Estratégia, saber-poder*. Tradução de Vera Lucia Avellar Ribeiro. 2. ed. Rio de Janeiro: Forense Universitária, 2006. (Ditos e escritos IV). p. 253.

[97] "Em suma, o ponto de vista adotado em todos esses estudos consistia em procurar destacar as relações de poder da instituição, a fim de analisá-las sob o prisma das tecnologias, destacá-las também da função, para retomá-las numa análise estratégica, e destacá-las do privilégio do objeto, a fim de procurar ressituá-las do ponto de vista da constituição dos campos, domínios e objetos de saber." Cf.: FOUCAULT, Michel. *Segurança, território, população*: curso no Collège de France (1977-1978). Tradução de Eduardo Brandão. São Paulo: Martins Fontes, 2008. p. 159.

[98] Existem muitos textos que focam nas divergências entre Foucault e Marx, valendo destacar as situações de curso publicadas em A Sociedade Punitiva e Teorias e Instituições Penais. Cf.: FOUCAULT, Michel. *A sociedade punitiva*: curso no Collège de France (1972-1973). Tradução de Ivone C. Benedetti. São Paulo: WMF Martins

Para Marx, o pensamento é sempre uma consequência, um efeito de uma outra instância, dita material. Disso decorre o conceito de "materialismo", cujo sentido central é que a mente surge sempre como um reflexo das condições concretas da vida.[99]

Opondo-se à dialética hegeliana, Marx encontra uma forma de historicizar o sujeito e o pensamento fazendo-os vítimas do mundo físico. Se para Hegel o pensamento pode estar em posição de transformar o sujeito, em Marx o pensamento será sempre uma consequência passiva da manifestação externa: "o ideal não é mais do que o material, transposto e traduzido na cabeça do homem."[100]

A adesão a Hegel se dá ao custo de inverter sua premissa, Marx pressupõe a existência de um mundo objetivo prévio à consciência dos homens. Primeiro viria a forma de apropriação da natureza, depois viria a mente. Não haveria um "saber absoluto", sempre um saber por efeito.[101]

Fontes, 2015; FOUCAULT, Michel. *Teorias e instituições penais:* curso no Collège de France (1971-1972). Tradução de Rosemary Costhek Abilio. São Paulo: WMF Martins Fontes, 2020.

99 "O representar, o pensar, o intercâmbio espiritual dos homens ainda aparecem, aqui, como emanação direta de seu comportamento material. [...] Totalmente ao contrário da filosofia alemã, que desce do céu à terra, aqui se eleva da terra ao céu. Quer dizer, não se parte daquilo que os homens dizem, imaginam ou representam, tampouco dos homens pensados, imaginados e representados para, a partir daí, chegar aos homens de carne e osso; parte-se dos homens realmente ativos e, a partir de seu processo de vida real, expõe-se também o desenvolvimento dos reflexos ideológicos e dos ecos desse processo de vida. Também as formações nebulosas na cabeça dos homens são sublimações necessárias de seu processo de vida material, processo empiricamente constatável e ligado a pressupostos materiais." Cf.: MARX, Karl. *A ideologia alemã*. Tradução de Rubens Enderle, Nélio Schneider, Luciano Cavini Martorano. São Paulo: Boitempo Editorial, 2007. p. 93-94.

100 "Meu método dialético, em seus fundamentos, não é apenas diferente do método hegeliano, mas exatamente seu oposto. Para Hegel, o processo de pensamento, que ele, sob o nome de Ideia, chega mesmo a transformar num sujeito autônomo, é o demiurgo do processo efetivo, o qual constitui apenas a manifestação externa do primeiro. Para mim, ao contrário, o ideal não é mais do que o material, transposto e traduzido na cabeça do homem." Cf.: MARX, Karl. *O capital:* livro I. Tradução de Rubens Enderle. São Paulo: Boitempo Editorial, 2013. p. 78-79.

101 "Ao construir sua teoria – na luta constante para marcar uma clara delimitação em relação à presença monstruosa de um sistema de pensamento tão tentador como o hegeliano –, Marx e Engels concentraram o combate teórico inicial em uma diferenciação em relação aos pressupostos idealistas de Hegel. Na diferenciação com o "saber absoluto", os dois filósofos revelam a natureza do seu materialismo, que remete para a produção e a reprodução das condições de existência dos homens.

Assim, toda "força espiritual dominante" seria decorrência lógica da "força material dominante". Uma vez controlado o funcionamento do mundo concreto pela classe que toma as rédeas do modo de produção, essa classe produziria as formas de verdade correlatas que assegurariam sua posição privilegiada.[102]

As racionalidades assumiriam então sempre um segundo plano, a despeito de serem consideradas essenciais. As ideias são inegavelmente relevantes para a dominação política, entretanto, "não são nada mais do que a expressão ideal das relações materiais dominantes."[103] As relações materiais se refletem em ideias, em um momento posterior.

O pressuposto materialista é aquele que historiciza em contraposição à posição *idealista*, visando assim evitar com que os filósofos soltem "tranquilamente as rédeas de seu corcel especulativo."[104] Segundo entende Marx, a única forma de impor uma visão histórica era propor uma primazia do mundo físico.

Dela decorrem as relações dos homens com a natureza e com suas formas de organização social, isto é, dos sujeitos com o que lhes aparece como a objetividade do mundo. Uma forma específica de apropriação da natureza determina as formas de organização social e a consciência." Cf.: SADER, Emir. Apresentação. In: MARX, Karl. *A ideologia alemã*. Tradução de Rubens Enderle, Nélio Schneider, Luciano Cavini Martorano. São Paulo: Boitempo Editorial, 2007. p. 14.

102 "As ideias da classe dominante são, em cada época, as ideias dominantes, isto é, a classe que é a força material dominante da sociedade é, ao mesmo tempo, sua força espiritual dominante. A classe que tem à sua disposição os meios da produção material dispõe também dos meios da produção espiritual, de modo que a ela estão submetidos aproximadamente ao mesmo tempo os pensamentos daqueles aos quais faltam os meios da produção espiritual." Cf.: MARX, Karl. *A ideologia alemã*. Tradução de Rubens Enderle, Nélio Schneider, Luciano Cavini Martorano. São Paulo: Boitempo Editorial, 2007. p. 47.

103 "As ideias dominantes não são nada mais do que a expressão ideal das relações materiais dominantes, são as relações materiais dominantes apreendidas como ideias; portanto, são a expressão das relações que fazem de uma classe a classe dominante, são as ideias de sua dominação." Cf.: MARX, Karl. *A ideologia alemã*. Tradução de Rubens Enderle, Nélio Schneider, Luciano Cavini Martorano. São Paulo: Boitempo Editorial, 2007. p. 47.

104 "Com isso, eliminam-se da história todos os elementos materialistas e se pode, então, soltar tranquilamente as rédeas de seu corcel especulativo." Cf.: MARX, Karl. *A ideologia alemã*. Tradução de Rubens Enderle, Nélio Schneider, Luciano Cavini Martorano. São Paulo: Boitempo Editorial, 2007. p. 50.

E não se trata de aderir a qualquer tipo de materialismo, como o de Feuerbach.[105] O materialismo de Marx pretendia estar calcado na *humanidade socializada*, acreditando que o elemento antropológico essencial seria o trabalho. O trabalho, antes do pensamento, é aquilo que forneceria a base material de onde a política vem.[106]

A atividade laboral seria uma expressão puramente externa, não mental, que configura a própria natureza humana. Marx aponta que o homem só se diferencia dos animais pelo exercício do trabalho, a "produção da vida material" seria o que promove a consciência humana a um estágio maior, pela transformação da natureza.[107]

A exteriorização da vida por meio do trabalho é o que dá a condição da consciência. O modo de produção manda, a mente obedece. A vida se depara com uma situação pré-constituída que lhe toma, esse mundo material produz uma forma de pensar para se reproduzir, pensamento que ilude o homem.[108]

---

[105] MARX, Karl. *A ideologia alemã*. Tradução de Rubens Enderle, Nélio Schneider, Luciano Cavini Martorano. São Paulo: Boitempo Editorial, 2007. p. 535.

[106] Aliás, registre-se que essa antropologia de Marx fixada no trabalho e na raridade da riqueza está na mesma linha do liberalismo de Ricardo. Leia-se como Foucault demonstra muito bem essa relação. Cf.: FOUCAULT, Michel. *As palavras e as coisas*: uma arqueologia das ciências humanas. Tradução de Salma Tannus Muchail. 9. ed. São Paulo: Martins Fontes, 2007. p. 347-361.

[107] "Destacar esse papel de pressuposto incontornável da produção da vida material significa, ao mesmo tempo, colocar o trabalho no centro das condições de vida e consciência humana. O homem se diferencia dos outros animais por muitas características, mas a primeira, determinante, é a capacidade de trabalho. Enquanto os outros animais apenas recolhem o que encontram na natureza, o homem, ao produzir as condições da sua sobrevivência, a transforma." Cf.: SADER, Emir. Apresentação. In: MARX, Karl. *A ideologia alemã*. Tradução de Rubens Enderle, Nélio Schneider, Luciano Cavini Martorano. São Paulo: Boitempo Editorial, 2007. p. 14.

[108] "Pode-se distinguir os homens dos animais pela consciência, pela religião ou pelo que se queira. Mas eles mesmos começam a se distinguir dos animais tão logo começam a produzir seus meios de vida, passo que é condicionado por sua organização corporal. Ao produzir seus meios de vida, os homens produzem, indiretamente, sua própria vida material. O modo pelo qual os homens produzem seus meios de vida depende, antes de tudo, da própria constituição dos meios de vida já encontrados e que eles têm de reproduzir. Esse modo de produção não deve ser considerado meramente sob o aspecto de ser a reprodução da existência física dos indivíduos. Ele é, muito mais, uma forma determinada de sua atividade, uma forma determinada de exteriorizar sua vida, um determinado modo de vida desses indivíduos. Tal como os indivíduos exteriorizam sua vida, assim são eles. O que eles são

Marx acredita que a única forma de compreender como as dominações se preservam é idealizar que a mente não possui liberdade diante do "real". Os pressupostos das formas com que os seres humanos pensam são comandados pelas formas com que eles se relacionam por meio do trabalho e, assim, tudo mais seria pura ilusão.[109]

A essência do homem, o que constitui o sujeito como "ser genérico", é o trabalho. Logo, os enredos econômicos seriam a matriz não só para pensar todos os efeitos políticos, mas também para entender as formas de saber. A natureza humana fincada no trabalho, a necessária base econômica da política, o poder como repressor de essências, são esses os pressupostos que estão na base de toda a teoria de Marx.[110] É uma conjugação de três universalismos: humanismo, economismo, repressivismo.[111]

Eis a primeira morada do positivismo de Marx, a objetificação do homem em seu trabalho. Afirmando o homem como um "natural" detentor do que produz, quer estabelecer que o equívoco das formas de exploração se fundamenta na violação da essência do ser trabalhador. O trabalho não é visto como uma expressão do pensamento e do poder.

Marx constrói uma *teoria do conhecimento*, uma evidente metafísica. Acreditar em uma origem da verdade pressuposta no trabalho do ho-

---

coincide, pois, com sua produção, tanto com o que produzem como também com o modo como produzem. O que os indivíduos são, portanto, depende das condições materiais de sua produção." Cf.: MARX, Karl. *A ideologia alemã*. Tradução de Rubens Enderle, Nélio Schneider, Luciano Cavini Martorano. São Paulo: Boitempo Editorial, 2007. p. 87.

109 "Os pressupostos de que partimos não são pressupostos arbitrários, dogmas, mas pressupostos reais, de que só se pode abstrair na imaginação. São os indivíduos reais, sua ação e suas condições materiais de vida, tanto aquelas por eles já encontradas como as produzidas por sua própria ação." Cf.: MARX, Karl. *A ideologia alemã*. Tradução de Rubens Enderle, Nélio Schneider, Luciano Cavini Martorano. São Paulo: Boitempo Editorial, 2007. p. 86.

110 "Precisamente por isso, na elaboração do mundo objetivo [é que] o homem se confirma, em primeiro lugar e efetivamente, como ser genérico. Esta produção é a sua vida genérica operativa. Através dela a natureza aparece como a sua obra e a sua efetividade (Wirklichkeit)." Cf.: MARX, Karl. *Manuscritos econômico-filosóficos*. Tradução de Jesus Ranieri. São Paulo: Boitempo Editorial, 2008. p. 85.

111 LEMOS, Clécio. *Foucault e a Justiça pós-penal*: críticas e propostas abolicionistas. Belo Horizonte: Grupo Editorial Letramento, 2019.

mem é idealizar novamente, é desenhar uma razão artificial na base do conhecimento, fiar-se em uma verdade eterna sobre as forças sociais.[112]

Para ele, violar o direito do homem à sua produção é violar sua própria condição de ser humano, o produto é seu "corpo inorgânico". A filosofia materialista dialética sugere que a condição de explorado decorre de uma violência contra uma essência objetiva do homem, uma essência anterior ao mundo mental.[113]

Crendo que a natureza desse homem pré-pensamento é o trabalho, Marx entende que as condições econômicas serão o fundamento de tudo na política. Aponta uma instância da "estrutura econômica" determinante de todos os demais aspectos, porque supõe vir primeiro o modo de produção e depois a consciência, em um vetor que aponta sempre na mesma direção.[114]

É por crer em uma base objetiva universal que o sistema de Marx propõe a separação entre pensamentos verdadeiros e pensamentos

---

[112] "Pois o conhecimento está 'ligado à alta realeza do sujeito (eu único, eu coerente)' e à 'representação imagem que o pensamento formara de si mesmo' – e, consequentemente, de toda metafísica com a qual ele foi construído. Será que para Nietzsche não se trata, ao contrário, de encontrar paixões, instintos, lutas, desafios, procedimentos, acontecimentos, descontinuidades que o questionem radicalmente? Em que essas condições são tão diferentes dos determinantes econômicos, das forças sociais, da dialética, que Marx colocou na raiz do conhecimento e dos quais Foucault já se emancipara com Nietzsche no início dos anos 1950? É que Marx conservava uma teoria do conhecimento, ao passo que a genealogia a destrói." Cf.: DEFERT, Daniel. Situação do curso. In: FOUCAULT, Michel. *Aulas sobre a vontade de saber*: curso no Collège de France (1970-1971). Tradução de Rosemary Costhek Abílio. São Paulo: WMF Martins Fontes, 2014. p. 243.

[113] "O objeto do trabalho é portanto a objetivação da vida genérica do homem: quando o homem se duplica não apenas na consciência, intelectualmente, mas operativa, efetivamente, contemplando-se, por isso, a si mesmo num mundo criado por ele. Consequentemente, quando arranca (entreisst) do homem o objeto de sua produção, o trabalho estranhado arranca-lhe sua vida genérica, sua efetiva objetividade genérica (wirkliche Gattungsgegenstandlichkeit) e transforma a sua vantagem com relação ao animal na desvantagem de lhe ser tirado o seu corpo inorgânico, a natureza." Cf.: MARX, Karl. *Manuscritos econômico-filosóficos*. Tradução de Jesus Ranieri. São Paulo: Boitempo Editorial, 2008. p. 85.

[114] "O modo de produção da vida material condiciona o processo de vida social, política e intelectual. Não é a consciência dos homens que determina o seu ser; ao contrário, é o seu ser social que determina sua consciência." Cf.: MARX, Karl. *Contribuição à crítica da economia política*. Tradução e introdução de Florestan Fernandes. 2. ed. São Paulo: Expressão Popular, 2008. p. 47.

ideológicos. A crítica materialista pressupõe uma base rígida que estabeleceria a forma correta do homem pensar e agir, essa base seria a condição de não ter seu trabalho alienado.

O *economismo* de Marx quer render o poder sempre a uma funcionalidade econômica, bem como atar o pensamento a um veículo consequente desse mecanismo. O poder acaba sempre explicado por uma relação de produção, de forma que "o poder político teria na economia sua razão de ser histórica."[115]

Por sua vez, a genealogia não pode entender o trabalho como essência humana, não reduz o homem à sua expressão econômica, refutando a tradição do economismo.[116] Foucault não pode aceitar que existe algo como um trabalho sem saber-poder, porquanto o que se entende por "trabalho" é desde sempre uma junção de pensamentos e atos.[117]

As relações de produção seguem modelos de condução mental desde o princípio, elas são construídas por esses jogos de poder, que induzem formas, lugares, tempos. Não existe produção independente de qualquer condição, motivo ou finalidade.[118]

---

[115] "No outro caso, claro, eu penso na concepção marxista geral do poder: nada disso, é evidente. Mas vocês tem nessa concepção marxista algo diferente, que se poderia chamar de "funcionalidade econômica" do poder. "Funcionalidade econômica", na medida em que o papel essencial do poder seria manter relações de produção e, ao mesmo tempo, reconduzir uma dominação de classe que o desenvolvimento e as modalidades próprias da apropriação das forças produtivas tornaram possível. Neste caso, o poder politico encontraria na economia sua razão de ser histórica. Em linhas gerais, se preferirem, num caso, tem-se um poder politico que encontraria, no procedimento da troca, na economia da circulação dos bens, seu modelo formal; e, no outro caso, o poder politico teria na economia sua razão de ser histórica, e o princípio de sua forma concreta e de seu funcionamento atual." Cf.: FOUCAULT, Michel. *Em Defesa da Sociedade:* curso no Collège de France (1975-1976). 2. ed. São Paulo: WMF Martins Fontes, 2010. p. 14.

[116] SOUZA, Aknaton; CAMARGO, Giovane Matheus; ROSA, Pablo Ornelas. *Considerações sobre a Escola Austríaca de Economia.* Vitória: Milfontes, 2020. (Coleção Fronteiras da Teoria). v. 2.

[117] "É falso dizer, como alguns pós-hegelianos, que a existência concreta do ser humano é o trabalho. O tempo e a vida do homem não são por natureza trabalho." Cf.: FOUCAULT, Michel. *A verdade e as formas jurídicas.* 3. ed. Rio de Janeiro: NAU , 2002. p. 211.

[118] "Isto porque, para que existam as relações de produção que caracterizam as sociedades capitalistas, é preciso haver, além de um certo número de determinações econômicas, estas relações de poder e estas formas de funcionamento de saber. Poder e saber encontram-se assim firmemente enraizados; eles não se superpõem às

Não se pode conceber um trabalho sem saber-poder, seja antes, durante ou depois do capitalismo.[119] As forças produtivas são constituídas a partir de um contexto político, não existe um antes "puro" do indivíduo trabalhador, porque ali onde está seu trabalho já está uma forma de saber e poder.[120]

Essa ordem na qual figura a economia como criadora das formas de pensar é a base do modelo de "ideologia". No fundo, pretendendo escapar do "idealismo" dos filósofos, Marx acaba por cair na mesma matriz de pensamento, pois usa um novo argumento universal para afirmar a falsidade dos pensamentos das classes dominantes. É uma historicização falha, pela metade.[121]

---

relações de produção, mas se encontram enraizados muito profundamente naquilo que as constitui." Cf.: FOUCAULT, Michel. *A verdade e as formas jurídicas*. 3. ed. Rio de Janeiro: NAU , 2002. p. 126.

119 "Não seria o trabalho, portanto, que teria introduzido as disciplinas, mas, muito pelo contrário, as disciplinas e as normas que teriam tornado possível o trabalho tal como ele se organiza na economia chamada capitalista." Cf.: FONTANA, Alessandro; BERTANI, Mauro. Situação do curso. In: FOUCAULT, Michel. *Em defesa da sociedade*: curso no Collège de France (1975-1976). Tradução de Maria Ermantina Galvão. 2. ed. São Paulo: WMF Martins Fontes, 2010. p. 237.

120 "Não se pode compreender o desenvolvimento das forças produtivas a não ser que se balizem, na indústria e na sociedade, um tipo particular ou vários tipos de poder em atividade – e em atividade no interior das forças produtivas. O corpo humano é, nós sabemos, uma força de produção, mas o corpo não existe tal qual, como um artigo biológico ou como um material. O corpo existe no interior e através de um sistema político. O poder político dá um certo espaço ao indivíduo: um espaço onde se comportar, onde adaptar uma postura particular, onde sentar de uma certa maneira, ou trabalhar continuamente. Marx pensava – e ele o escreveu – que o trabalho constitui a essência concreta do homem. Penso que essa é uma ideia tipicamente hegeliana. O trabalho não é a essência do homem. Se o homem trabalha, se o corpo humano é uma força produtiva, é porque o homem é obrigado a trabalhar. E ele é obrigado porque ele é investido por forças políticas, porque ele é capturado nos mecanismos de poder." Cf.: FOUCAULT, Michel. *Estratégia, saber-poder*. Tradução de Vera Lucia Avellar Ribeiro. 2. ed. Rio de. Janeiro: Forense Universitária, 2006. (Ditos e escritos IV). p. 259.

121 "A análise ideológica consiste em dialetizar, pelo mecanismo do logro, o movimento do falso e a necessidade de esconder o velho e obstinado princípio logicista, ou seja, que a verdade do que é dito deve afinal explicar o real do discurso. E não é o fato de dizer que se pode explicar o real do discurso pela não verdade do que é dito que muda a soberania desse princípio logicista, que ainda reencontramos no funda da análise em termos de ideologia." Cf.: FOUCAULT, Michel. *Subjetividade e verdade*: curso no Collège de France (1980-1981). Tradução de Rosemary Costhek Abílio. São Paulo: WMF Martins Fontes, 2016. p. 217.

Se por um lado tinha a vantagem de se afastar da visão universalista dos liberais, demonstrando que o pensamento acompanha o contexto histórico, por outro lado condiciona essa historicidade ao campo econômico e apresenta como solução o retorno a uma essência novamente universalista: o trabalho livre.

Crer em "determinações socioeconômicas" que funcionam como "véu" da verdade é igualmente se mover dentro de uma ciência positivista, é reafirmar a existência de uma verdade livre das relações de poder, imparcialmente estabelecida em algum lugar antes do real.[122]

Quando Foucault se propõe a uma filosofia imanente do saber-poder, a primeira coisa que propõe é retirar o pensamento de qualquer posição de passividade na análise do poder. O discurso não é aquilo que representa ou que esconde o "real", o discurso é bem aquilo que o constitui.[123]

O autor questiona a autoridade do material sobre o ideal, discorda dessa posição subalterna do pensamento em linearidade. Ele duvida da primazia do "real" sobre a mente, duvida de uma concepção segundo a qual o saber seria passivo ao poder.[124]

---

[122] "De um lado, portanto, um discurso ordenado com o verdadeiro, de outro, o véu ou o obstáculo que constituem, para o ato de conhecimento, as determinações socioeconômicas: o par ciência/ideologia renova, desse modo, o postulado metafísico de um puro sujeito cognoscente, idealmente livre em relação ao poder." Cf.: SENELLART, Michel. Situação do curso. In: FOUCAULT, Michel. *Do governo dos vivos:* curso no Collège de France (1979-1980). Tradução de Eduardo Brandão. São Paulo: WMF Martins Fontes, 2014. p. 314.

[123] "Haveria uma terceira possibilidade de analisar as relações entre o real e esse discurso suplementar que, de certo modo, vem somar-se a ele. Esta vez não é mais a teoria da reflexão, do reflexo, não é mais a análise em termos de ideologia; seria a análise em termos de racionalização. O que consistiria em dizer: é claro, o discurso tem a fazer algo muito diferente de pura e simplesmente representar o real, o discurso tem a fazer algo muito diferente de escamotear o real. O discurso opera efetivamente sobre o real, e opera sobre o real transformando-o. Transformando-o como? Transformando-o pela própria operação de lógos, ou seja, pela operação de racionalização." Cf.: FOUCAULT, Michel. *Subjetividade e verdade:* curso no Collège de France (1980-1981). Tradução de Rosemary Costhek Abílio. São Paulo: WMF Martins Fontes, 2016. p. 217.

[124] "Em decorrência disso, Foucault empreende a crítica da concepção de poder presente no marxismo, seja porque neste se enunciam de maneira linear e determinista as relações entre saber e poder, seja porque se formulam também numa atribuição de subalternidade do saber ao poder. Em ambos os registros, diversos mas complementares, o saber, enquanto positividade do poder, se silenciava no

Para Foucault, as relações de poder-saber são produtivas, não fazendo qualquer sentido a divisão entre estrutura e superestrutura. Isso o colocava diante de um quadro mais complexo, claro, pois o mecanismo de explicação pelo fator econômico era muito simplificador da realidade.[125]

O processo de normalização, de funcionamento do poder por meio do saber, é a forma autêntica de Foucault expressar sua filosofia. Não há nessa forma de entender o poder uma matriz rígida onde se apegar, uma origem explicadora das formas de exercer poder.[126]

Assim sendo, para ele não há algo como a "racionalização correta" à qual deveríamos retornar para explicar o poder, aquela segundo a qual deveríamos conduzir o poder. Da mesma forma que não acredita em uma essência do homem, não acredita em uma essência do poder e do saber.[127]

---

pensamento marxista. Assim, num primeiro registro deste pensamento, o saber se inscreveria sempre no nível das superestruturas do campo social, sendo determinado, em última instância, pela infra-estrutura econômica de uma dada formação social. Nesta, certamente, o saber seria um simples efeito linear e mecânico daquilo que se passaria no confronto entre as forças produtivas e as relações de produção. A especificidade do saber se perderia então, sendo este silenciado na sua positividade." Cf.: BIRMAN, Joel. *Jogando com a verdade*: uma leitura de Foucault. PHYSIS. Rev. Saúde Coletiva, Rio de Janeiro, v. 12, n. 2, p. 308, 2002.

125 "Penso que a diferença se deve ao fato de que se trata, no materialismo histórico, de situar na base do sistema as forças produtivas, em seguida, as relações de produção para se chegar à superestrutura jurídica e ideológica, e finalmente ao que dá sua profundidade, tanto ao nosso pensamento quanto à consciência dos proletários. As relações de poder são, em minha opinião, ao mesmo tempo mais simples e muito mais complicadas. Simples, uma vez que não necessitam dessas construções piramidais; e muito mais complicadas, já que existem múltiplas relações entre, por exemplo, a tecnologia do poder e o desenvolvimento das forças produtivas." Cf.: FOUCAULT, Michel. *Estratégia, saber-poder*. Tradução de Vera Lucia Avellar Ribeiro. 2. ed. Rio de. Janeiro: Forense Universitária, 2006. (Ditos e escritos IV). p. 259.

126 "É o que Foucault traduzirá dizendo em termos gerais que as sociedades modernas não procedem por ideologia ou repressão, senão que procedem por normalização." Cf.: DELEUZE, Gilles. *El poder: curso sobre Foucault II*. Ciudad autónoma de Buenos Aires: Cactus, 2014. p. 51.

127 "Implementar o aparato de ideologia era sugerir que existe tanto um sujeito prévio ao conhecimento e um objeto, e entre eles um véu que pode ser removido; era afirmar que, paralelas à falsa consciência de alguém, existem outras conscientizações que podem ser reveladas como verdade." Cf.: HARCOURT, Bernard E; BRION, Fabienne. Situação do curso. In: FOUCAULT, Michel. *Malfazer, dizer verdadeiro*: função da confissão em juízo: curso em Louvain, *1981*. Tradução de Ivone Benedetti. São Paulo: WMF Martins Fontes, 2018. p. 285.

No projeto de Marx, caberia ao homem apenas uma "tomada de consciência", encontrar seu sujeito material originário para alcançar o devir correto. Veja-se que, nessa forma de pensamento, a história já está toda traçada por uma verdade que o homem deve acessar.[128]

Posicionando a mente a partir do material e, em seguida, situando o material a partir de um universal do trabalho, Marx imagina uma história teleológica. Isso é profundamente divergente do que Foucault defendeu, sua negativa de um poder objetivado remetia à constatação da dispersão dos acontecimentos históricos, reconhecendo que a história não tem um fim definido.[129]

Ao se afastar de Marx por meio do saber-poder, Foucault igualmente discorda de qualquer pretensão profética. Não existe verdade que levará fatalmente a história a algum destino, o futuro da humanidade não está fadado a encontrar a essência da verdade e do ser, quando terminado o poder opressor.[130]

A forma de crítica genealógica está preocupada em mostrar a história das instâncias de produção do saber e do poder. Não nega que o poder eventualmente organiza silêncios, interdita ações e promove mentiras, contudo, também não reduz o poder a essas formas. Encontrando o

---

[128] "Fazer da análise histórica o discurso do contínuo e fazer da consciência humana o sujeito originário de todo o devir e de toda prática são as duas faces de um mesmo sistema de pensamento. O tempo é aí concebido em termos de totalização, onde as revoluções jamais passam de tomadas de consciência." Cf.: FOUCAULT, Michel. *A arqueologia do saber*. Tradução de Luiz Felipe Baeta Neves. 7. ed. Rio de Janeiro: Forense Universitária, 2008. p. 14.

[129] "Tratava-se de analisar tal história em uma descontinuidade que nenhuma teleologia reduziria antecipadamente: demarcá-la em uma dispersão que nenhum horizonte prévio poderia tornar a fechar; deixar que ela se desenrolasse em um anonimato a que nenhuma constituição transcendental imporia a forma do sujeito; abri-la a uma temporalidade que não prometeria o retorno de nenhuma aurora." Cf.: FOUCAULT, Michel. *A arqueologia do saber*. Tradução de Luiz Felipe Baeta Neves. 7. ed. Rio de Janeiro: Forense Universitária, 2008. p. 227.

[130] "Quer dizer que o marxismo como ciência - na medida em que se trata de uma ciência da história da humanidade - é uma dinâmica de efeitos coercitivos, a propósito de uma certa verdade. Seu discurso é uma ciência profética que difunde uma força coercitiva sobre uma certa verdade, não somente em direção ao passado, mas ao futuro da humanidade. Em outros termos, o que é importante é que a humanidade e o caráter profético funcionam como forças coercitivas em relação à verdade." Cf.: FOUCAULT, Michel. *Repensar a política*. Tradução de Ana Lúcia Paranhos Pessoa. Rio de Janeiro: Forense Universitária, 2010. (Ditos e escritos VI). p. 191.

caráter *ativo* do poder, sua resposta está em mostrar as racionalidades que tornam o poder possível.[131]

A finalidade da história foucaultiana é, despindo-se de qualquer transcendental, desestabilizar os poderes vigentes pela demonstração da fragilidade de seus fundamentos. Se todo discurso é um acontecimento não universal, a crítica genealógica irá partir da demonstração das normas que estão presentes nas ações das pessoas: "deduzirá da contingência que nos fez ser o que somos a possibilidade de não mais ser."[132]

Pôr o *normalizado* no lugar do *normal* já é promover um deslocamento, é abrir o espaço onde o que se criou pode ser desfeito, é ver a partir de um local de liberdade, que não se cristaliza em nenhuma forma material. Foucault compreende as expressões materiais como instrumentos precários que só funcionam porque são significados mentalmente de determinadas formas.

Seu estilo crítico se pergunta quais as formações mentais que produziram as ações práticas. Quer entender que as relações sociais sempre são exercidas por meio de lógicas fabricadas e que, por isso, atuam sem que estejam atreladas a um real além do discurso. A genealogia não quer ignorar o fato de que discursos "falsos" geram efeitos reais, ela é uma elaboração em pleno compasso com o contexto da pós-ver-

---

131 "Em suma, gostaria de desvincular a análise dos privilégios que se atribuem normalmente à economia de escassez e aos princípios de rarefação, para, ao contrário, buscar as instâncias de produção discursiva (que, evidentemente, também organizam silêncios), de produção de poder (que, algumas vezes tem a função de interditar), das produções de saber (as quais, frequentemente, fazem circular erros ou desconhecimentos sistemáticos); gostaria de fazer a história dessas instâncias e de suas transformações." Cf.: FOUCAULT, Michel. *História da sexualidade 1*: a vontade de saber. 21. ed. Rio de Janeiro: Graal, 2011. p. 19.

132 "Nesse sentido, essa crítica não é transcendental e não tem por finalidade tornar possível uma metafísica: ela é genealógica em sua finalidade e arqueológica em seu método. Arqueológica – e não transcendental – no sentido de que ela não procurará depreender as estruturas universais de qualquer conhecimento ou de qualquer ação moral possível; mas tratar tanto os discursos que articulam o que pensamos, dizemos e fazemos como acontecimentos históricos. E essa crítica será genealógica no sentido de que ela não deduzirá da forma do que somos o que para nós é impossível fazer ou conhecer; mas ela deduzirá da contingência que nos fez ser o que somos a possibilidade de não mais ser, fazer ou pensar o que somos, fazemos ou pensamos." Cf.: FOUCAULT, Michel. *Arqueologia das Ciências e História dos Sistemas de Pensamento*. Rio de Janeiro: Forense Universitária, 2005. (Ditos e Escritos II). p. 348.

dade, porque sabe que os efeitos de poder se produzem sem qualquer referência necessária a algo objetivo.[133]

A toda prova, a análise do poder pela racionalização ensina a ficar distante de todas as formas de positivismo, visando produzir respostas mais eficientes. Para além de criticar instrumentos materiais de poder, que se expressam mediante certas instituições e com certas violências, a genealogia nos ensina a formular uma crítica atenta às racionalidades, pois são elas que animam as técnicas de poder.[134]

Sem esse foco, muito pouco se pode compreender da modernidade. O ocidente desenvolveu nos últimos séculos uma forma de política por "individualização e a totalização", de maneira que o controle mais constante da conduta fez com que o poder passasse "por dentro" dos sujeitos, de forma minuciosa, produzindo efeitos pela mente.[135]

Todavia, há um segundo conceito a se destacar. Prosseguindo na análise do saber-poder, Foucault percebeu que não bastava se desprender de qualquer universal sobre a verdade, era necessário qualificar a análise das veridicções com a investigação de suas expressões sobre a ética do sujeito.

---

[133] "Essa crítica política do saber não consistiria tampouco em pôr a nu a presunção de poder que haveria em toda verdade afirmada, porque, acreditem também, a mentira ou o erro também constituem abusos de poder. A crítica que lhes proponho consiste em determinar em que condições e com quais efeitos se exerce uma veridicção, isto é, mais uma vez, um tipo de formulação do âmbito de certas regras de verificação e de falsificação." Cf.: FOUCAULT, Michel. *Nascimento da biopolítica*. Tradução de Eduardo Brandão. São Paulo: Martins Fontes, 2008. p. 49-50.

[134] "Consequentemente, aqueles que resistem ou se rebelam contra uma forma de poder não poderiam contentar-se com a denúncia da violência ou a crítica a uma instituição. Tampouco basta culpar a razão em geral. O que é preciso questionar é a forma de racionalidade envolvida. A crítica do poder exercido sobre os doentes mentais ou os loucos não pode restringir-se às instituições psiquiátricas; tampouco aqueles que questionam o poder de punir podem contentar-se com a denúncia das prisões enquanto instituições totais. A questão é: como são racionalizadas as relações de poder? Perguntá-lo é a única maneira de evitar que outras instituições, com os mesmos objetivos e os mesmos efeitos, assumam os mesmos papéis." Cf.: FOUCAULT, Michel. *Estratégia, saber-poder*. Tradução de Vera Lucia Avellar Ribeiro. 2. ed. Rio de. Janeiro: Forense Universitária, 2006. (Ditos e escritos IV). p. 375.

[135] "A racionalidade política cresceu e se impôs ao longo de toda a história das sociedades ocidentais. De início ela se instalou na ideia do poder pastoral, depois na de razão de Estado. Seus efeitos inevitáveis são a individualização e a totalização." Cf.: FOUCAULT, Michel. *Estratégia, saber-poder*. Tradução de Vera Lucia Avellar Ribeiro. 2. ed. Rio de. Janeiro: Forense Universitária, 2006. (Ditos e escritos IV). p. 376.

A crítica ao sujeito pressuposto (natureza humana) foi uma constante ao longo de toda a trajetória do autor, pois percebia quanto os discursos sobre as relações sociais tomavam como certa a existência de uma suposta natureza fixa do ser. Tais discursos tentavam objetivar o humano, fazendo com que os posicionamentos políticos parecessem apenas reflexos lógicos de uma essência.

Foucault vai identificar que as ciências humanas da modernidade são atravessadas por um constante *humanismo*, esse discurso que supõe uma característica antropológica com a qual todos os saberes e práticas devem ser coerentes. É que, a despeito de se afastarem de uma epistemologia religiosa com a "morte de Deus", não conseguiam vislumbrar a "morte do homem".[136]

O autor põe então em questão se o "homem existe", ou seja, se efetivamente existem aspectos incontornáveis do agir humano, ou mesmo uma expressão ideal à qual todas as políticas deveriam fazer referência. Sem esse debate, percebia, a ciência estaria fadada a cair incessantemente nos positivismos e escatologias.[137]

Isso era ousar compreender o ser humano como uma criação, era a historicização do próprio sujeito. Da mesma maneira que uma perspectiva imanente da verdade trazia a interrogação sobre as formas de sua construção, um pressuposto imanente sobre o sujeito agora invo-

---

136 "Se estas disposições viessem a desaparecer tal como apareceram, se, por algum acontecimento de que podemos quando muito pressentir a possibilidade, mas de que no momento não conhecemos ainda nem a forma nem a promessa, se desvanecessem, como aconteceu, na curva do século XVIII, com o solo do pensamento clássico - então se pode apostar que o homem se desvaneceria, como, na orla do mar, um rosto de areia." Cf.: FOUCAULT, Michel. *As palavras e as coisas*: uma arqueologia das ciências humanas. Tradução de Salma Tannus Muchail. 9. ed. São Paulo: Martins Fontes, 2007. p. 536.

137 "A verdadeira contestação do positivismo e da escatologia não está, pois, num retorno ao vivido (que, na verdade, antes os confirma, enraizando-os); mas, se ela pudesse exercer-se, seria a partir de uma questão que, sem dúvida, parece aberrante, de tal modo está em discordância com o que tornou historicamente possível todo o nosso pensamento. Essa questão consistiria em perguntar se verdadeiramente o homem existe." Cf.: FOUCAULT, Michel. *As palavras e as coisas*: uma arqueologia das ciências humanas. Tradução de Salma Tannus Muchail. 9. ed. São Paulo: Martins Fontes, 2007. p. 443-444.

cava a pergunta acerca de sua formação.[138] Pluralizar o sujeito, buscar os sujeitos de conhecimento.[139]

Despir-se da metafísica nas relações de verdade demandava não aceitar as posições em que o poder pode ser analisado como coerente ou incoerente com relação ao indivíduo. Resta sem sentido, nessa visão, encarar as condições políticas e econômicas como algo que vêm se inserir como um "véu" sobre o sujeito, na medida em que não há mais um sujeito "natural".[140]

Não há espaço para pensar o sujeito dentro do quadro da "ideologia". Aplicando a premissa de que poder é produtor de verdades, funcionando por meio das verdades que engendra, o indivíduo também não pode ser visto como prévio ao poder. Todos estão sempre envolvidos em redes discursivas, elas são constitutivas do ser.[141]

Marx, na medida em que propõe a já mencionada essência laboral do homem, não faz outra coisa senão prometer que o comunismo será um retorno ao homem "autêntico e verdadeiro". A dialética não se

---

138 "Não há teoria do sujeito independente da relação com a verdade." Cf.: FOUCAULT, Michel. *Subjetividade e verdade:* curso no Collège de France (1980-1981). Tradução de Rosemary Costhek Abílio. São Paulo: WMF Martins Fontes, 2016. p. 13.

139 "Meu objetivo será mostrar-lhes como as práticas sociais podem chegar a engendrar domínios de saber que não somente fazem aparecer novos objetos, novos conceitos, novas técnicas, mas também fazem nascer formas totalmente novas de sujeitos e de sujeitos de conhecimento. O próprio sujeito de conhecimento tem uma história, a relação do sujeito com o objeto, ou, mais claramente, a própria verdade tem uma história." Cf.: FOUCAULT, Michel. *A verdade e as formas jurídicas.* 3. ed. Rio de Janeiro: NAU Editora, 2002. p. 8.

140 "O que pretendo mostrar nestas conferências é como, de fato, as condições políticas, econômicas de existência não são um véu ou um obstáculo para o sujeito de conhecimento, mas aquilo através do que se formam os sujeitos de conhecimento e, por conseguinte, as relações de verdade." Cf.: FOUCAULT, Michel. *A verdade e as formas jurídicas.* 3. ed. Rio de Janeiro: NAU Editora, 2002. p. 27.

141 "O indivíduo é sem dúvida o átomo fictício de uma representação 'ideológica' da sociedade; mas é também uma realidade fabricada por essa tecnologia específica de poder que se chama a 'disciplina'. Temos que deixar de descrever sempre os efeitos do poder em termos negativos: ele 'exclui', 'reprime', 'recalca', 'censura', 'abstrai', 'mascara', 'esconde'. Na verdade o poder produz; ele produz realidade; produz campos de objetos e rituais da verdade. O indivíduo e o conhecimento que dele se pode ter se originam nessa produção." Cf.: FOUCAULT, Michel. *Vigiar e punir.* 28. ed. Petrópolis: Vozes, 2010. p. 185.

sustenta sem humanismo, mais do que isso, ela é a principal forma de reatualização do humanismo no discurso crítico contemporâneo.[142]

Superar o humanismo era deixar cair o sonho de encontrar um sujeito independente do poder. Se as palavras *saber* e *poder* devem vir sempre conjugadas, *saber-poder*, é devido ao fato de que a própria ideia de sujeito se produz por parcialidades e seletividades, jamais pura e transcendental.[143]

É ilustrativa a constatação de que mesmo os regimes mais autoritários do século XX foram partidários da lógica humanista. Stálin e Hitler tinham retóricas calcadas em uma visão estática do homem, visão esta que supostamente legitimava a atuação do Estado. É uma ferramenta discursiva que varia ao sabor dos poderes estabelecidos.[144]

Se esse já era um velho tema de Foucault, todavia, a dissociação com relação aos humanismos assumiu um outro patamar com a chegada de sua terceira e última fase. Com a década de 1980, o autor assume não apenas a necessidade de nunca partir de uma verdade rígida sobre o sujeito, percebe ainda que as análises políticas devem ser qualificadas pela investigação do próprio processo de formação do sujeito.

É por isso que seus intérpretes normalmente chamam esse período de *Ética*. O *terceiro Foucault* deseja complexificar seu esquema teórico com o acréscimo de um terceiro elemento ao saber-poder: a subjetiva-

---

[142] "Por todas essas razões e porque continua, no fundo, uma filosofia do retorno a si mesmo, a dialética promete em certa medida ao ser humano que ele se tornará um homem autêntico e verdadeiro. Ela promete o homem ao homem e, nessa medida, não é dissociável de uma moral humanista. Neste sentido, os grandes responsáveis do humanismo contemporâneo, são evidentemente Hegel e Marx." Cf.: FOUCAULT, Michel. *Arte, epistemologia, filosofia e história da medicina*. Rio de Janeiro: Forense Universitária, 2011. (Ditos e escritos VII). p. 2.

[143] "O humanismo moderno se engana, portanto, ao estabelecer essa divisão entre saber e poder. Eles são integrados, e não se trata de sonhar com um momento em que o saber não dependeria mais do poder, o que é uma maneira de reconduzir sob forma utópica o mesmo humanismo. Não é possível que o poder se exerça sem saber, não é possível que o saber não engendre poder." Cf.: FOUCAULT, Michel. *Estratégia, saber-poder*. Tradução de Vera Lucia Avellar Ribeiro. 2. ed. Rio de. Janeiro: Forense Universitária, 2006. (Ditos e escritos IV). p. 172.

[144] "O marxismo foi um humanismo, o existencialismo, o personalismo também o foram; houve um tempo em que se sustentavam os valores humanistas representados pelo nacional-socialismo, e no qual os próprios stalinistas se diziam humanistas." Cf.: FOUCAULT, Michel. *Arqueologia das Ciências e História dos Sistemas de Pensamento*. Rio de Janeiro: Forense Universitária, 2005. (Ditos e Escritos II). p. 346.

ção. Uma tríade se forma, são três dimensões irredutíveis e recíprocas, para destacar o papel que as técnicas ativas de produção do sujeito possuem no enredo político.[145]

O elemento da subjetivação visava retirar o sujeito de qualquer posição objetivada.[146] Era preciso não só rejeitar as visões naturalizadas do sujeito, uma nova visão do poder demandava superar a ideia de sujeito como mero passivo das técnicas de dominação.[147]

Logo, o sujeito deve ser compreendido como algo entre o *sujeitado* e o *sujeitar*.[148] Adicionar o aspecto ativo do sujeito era reconhecer a necessária liberdade que deve existir no processo de construção histórica do indivíduo e, por consequência, a forma de concretizar isso era assumir que as verdades não se inserem mecanicamente no ser. Há que se reconhecer um ambiente onde o sujeito funciona sobre si, acrescentar as "tecnologias de si" às tecnologias de saber-poder.[149]

---

[145] "São três dimensões irredutíveis, mas em implicação constante, saber, poder e si. São três 'ontologias'. Por que Foucault acrescenta que elas são históricas? Porque elas não designam condições universais." Cf.: DELEUZE, Gilles. *Foucault*. Tradução de Claudia Sant'Anna Martins. São Paulo: Brasiliense, 2005. p. 121.

[146] SENELLART, Michel. Situação do curso. In: FOUCAULT, Michel. *Do governo dos vivos*: curso no Collège de France (1979-1980). Tradução de Eduardo Brandão. São Paulo: WMF Martins Fontes, 2014. p. 316.

[147] "Devemos nos lembrar: durante muito tempo, Foucault só concebe o sujeito como o produto passivo das técnicas de dominação. É somente em 1980 que concebe a autonomia relativa, a irredutibilidade, em todo caso, das técnicas do eu." Cf.: GROS, Frédéric. Situação do curso. In: FOUCAULT, Michel. *A hermenêutica do sujeito*: curso no Collège de France (1981-1982). Tradução de Márcio Alves da Fonseca e Salma Annus Muchail. 3. ed. São Paulo: WMF Martins Fontes, 2010. p. 474.

[148] "Desse modo, o sujeito foucaultiano nunca está totalmente constituído na sujeição, mas nela se constitui repetidamente; e é na possibilidade de uma repetição que se repete contra sua origem que a sujeição adquire seu poder involuntariamente habilitador." Cf.: BUTLER, Judith. *A vida psíquica do poder*: teorias da sujeição. Tradução de Rogério Bettoni. Belo Horizonte: Autêntica, 2017.

[149] "Enquanto muitas formas contemporâneas de crítica ainda se apoiam no dualismo entre liberdade e coação, consenso e violência, da perspectiva da governamentalidade, a polaridade entre subjetividade e poder deixa de ser plausível: governo refere-se a um continuum que se estende do direito do governo político até formas de autorregulação – a saber, 'tecnologias de si'." Cf.: LEMKE, Thomas. Foucault, governamentalidade e crítica. *Plural: Revista do Programa de PósGraduação em Sociologia da USP*, São Paulo, v. 24, n. 1, p. 206, 2017.

Eis uma *culminação* da análise do biopoder, não sua negação.[150] A constatação do processo de individualização dos homens se faria mais coerente com a adesão a um estudo do "governo de si". Se o poder passa pelo bio, é porque o sujeito aprende e executa verdades sobre si mesmo. O cuidado de si "complica" o estudo da política.[151]

Pretendia com isso reforçar a capacidade do sujeito se modificar, operar alterações nos saberes que induzem certas formas de se pensar como indivíduo ético. Sendo possível a resistência aos poderes instituídos, também deve ser possível uma reconfiguração de certos valores éticos que o sujeito atribuiu a si mesmo.[152]

A formação do sujeito moral tem uma história, uma política na qual está implicado. Assim como existe servidão voluntária, existe a condição de se experimentar uma "indocilidade refletida", na qual o indivíduo pode mudar sua postura diante dos saberes que permeiam seu campo ético.[153]

---

150 "Quando a figura do sujeito aparece na obra do último Foucault, não é como um desvio da análise biopolítica, uma regressão a um tema clássico, mas é a culminação da análise do biopoder, esse poder sobre a vida que agora passa pelo sujeito, já que é esse o modo pelo qual o poder acapara a vida." Cf.: PELBART, Peter Pal. Da dessubjetivação nomádica à subjetivação herética: Foucault, Agamben, Deleuze. *In*: KIFFER, Ana *et al*. (Org.) *Reinvenções de Foucault*. Rio de Janeiro: Lamparina, 2016. p. 276.

151 GROS, Frédéric. Situação do curso. *In*: FOUCAULT, Michel. *A hermenêutica do sujeito*: curso no Collège de France (1981-1982). Tradução de Márcio Alves da Fonseca e Salma Annus Muchail. 3. ed. São Paulo: WMF Martins Fontes, 2010. p. 461.

152 "Com sua contundente crítica à concepção do sujeito que informava as teorias revolucionárias do passado, que apostavam no surgimento de um 'novo homem', pleno e reencontrado em sua essência originária, instalado na sociedade ideal paradisíaca, Foucault renovou a questão, trazendo a subjetividade para o primeiro plano e articulando estreitamente subjetividade e política. Segundo ele, a questão fundamental no presente consiste não apenas em liberar o indivíduo do Estado, mas em 'nos liberarmos tanto do Estado quanto do tipo de individualização que a ele se liga'." Cf.: RAGO, Margareth. "Estar na hora do mundo": subjetividade e política em Foucault e nos feminismos. *Interface* (Botucatu), v. 23, p. 2, 2019. Disponível em: http://www.scielo.br/scielo.php?script=sci_abstract&pid=S1414-32832019000100150&lng=pt&nrm=iso&tlng=pt. Acesso em: 4 jun. 2020.

153 "Vivemos em sociedades nas quais o governo passa pela repressão, é verdade, mas também, mais comumente, pela formação dos êthoi nos quais os indivíduos se constituem como sujeitos morais de sua própria conduta. Sem sujeito, não há doci-

A crítica de Foucault foca no "feixe de relações" que amarra o poder, a verdade e o sujeito. Faz surgir diante do sujeito a possibilidade de questionar as forças que operam na elaboração do "si" e provocar um processo de "desassujeitamento" nas políticas da verdade.[154]

À pergunta inicial sobre quais saberes se relacionam com o poder, acrescenta-se o questionamento "que modos de subjetivação vêm se articular nas formas de governo dos homens, para resistir a elas ou habitá-las?".[155] O poder continua no cerne da questão, porém não em primazia sobre o sujeito.

Esse outro nível de questionamento traz à tona a existência de técnicas segundo as quais o sujeito produz uma "experiência de si". O processo de normalização se configura por dentro do indivíduo e, nesse processo, a "psique" não pode ser mero receptáculo, isso seria simplificar demais o que ocorre. Ao ver certas práticas como normais, a mente objetifica porque é também parte da criação do normal.[156]

---

lidade nem servidão voluntária; mas também – e, para Foucault, sobretudo – nem arte da 'indocilidade reflexiva' nem 'arte da inservidão voluntária'." Cf.: HARCOURT, Bernard E; BRION, Fabienne. Apresentação. In: FOUCAULT, Michel. *Malfazer, dizer verdadeiro*: função da confissão em juízo: curso em Louvain, 1981. Tradução de Ivone Benedetti. São Paulo: WMF Martins Fontes, 2018. p. XVI.

154 "Mas, sobretudo, vê-se que o foco da crítica é essencialmente o feixe de relações que amarra um ao outro, ou um a dois outros, o poder, a verdade e o sujeito. E se a governamentalização é mesmo esse movimento pelo qual se tratasse na realidade mesma de uma prática social de sujeitar os indivíduos por mecanismos de poder que reclamam de uma verdade, pois bem, eu diria que a crítica é o movimento pelo qual o sujeito se dá o direito de interrogar a verdade sobre seus efeitos de poder e o poder sobre seus discursos de verdade; pois bem, a crítica será a arte da inservidão voluntária, aquela da indocilidade refletida. A crítica teria essencialmente por função a desassujeitamento no jogo do que se poderia chamar, em uma palavra, a política da verdade." Cf.: FOUCAULT, Michel. O que é a crítica? Tradução de Antonio C. Galdino. *Cadernos da Faculdade de Filosofia e Ciências da UNESP*, Marília, v. 9, n. 1, p. 169-189, 2000.

155 "Nos anos 1980, ele havia enriquecido essa distinção, acrescentando a dimensão ética ao estudo das relações de poder – a questão se tornava: que modos de subjetivação vêm se articular nas formas de governo dos homens, para resistir a elas ou habitá-las?" Cf.: GROS, Frédéric. Situação do curso. In: FOUCAULT, Michel. *A coragem da verdade*: curso no Collège de France (1983-1984). Tradução de Eduardo Brandão. São Paulo: WMF Martins Fontes, 2011. p. 309.

156 "Será que, ao contrário, não deve inverter a questão? E, em vez de indagar como a psique individual pôde interiorizar códigos prévios que lhe foram impostos de cima, não seria melhor indagar qual experiência foi definida, proposta, prescrita

Isso é aprofundar no funcionamento dos jogos de verdade, vendo-os como algo que se faz sobre os outros e como algo que se faz sobre si. O campo de investigação da "história do homem de desejo" é o terceiro nível que Foucault acrescenta ao estudo de tipo arqueológico e genealógico, como ele mesmo explicou.[157]

Há uma história das formas de veridicção, uma história dos procedimentos de governo, uma história das técnicas de subjetivação. Assim se completava o ciclo proposto de divórcio dos principais universais presentes nos discursos modernos – verdade, poder, sujeito –, de maneira que não se pode mais estudar "o real", pode-se apenas estudar "as experiências".[158]

Há uma espécie de síntese proposta pelo autor no último curso que ministrou no Collège de France. Em 1984, ele diz que é preciso encarar os três eixos – veridicção-governo-subjetivação – como reciprocamente constitutivos, em que nenhum ficará refém do outro, nenhum irá extrair do outro sua essência. É a circularidade entre esses três âmbitos que resulta do projeto de levar ao extremo a recusa dos universais.[159]

---

para os sujeitos e levou-os a fazer determinada experiência de si mesmos a partir da qual precisamente a codificação de sua conduta, de seus atos, de seus pensamentos se tornou possível, legítima e, na visão deles, quase evidente?" Cf.: FOUCAULT, Michel. *Subjetividade e verdade:* curso no Collège de France (1980-1981). Tradução de Rosemary Costhek Abílio. São Paulo: WMF Martins Fontes, 2016. p. 91.

[157] "Após o estudo dos jogos de verdade considerados entre si – a partir do exemplo de um certo número de ciências empíricas nos séculos XVII e XVIII – e posteriormente ao estudo dos jogos de verdade em referência às relações de poder, a partir do exemplo das práticas punitivas, outro trabalho parecia se impor: estudar os jogos de verdade na relação de si para si e a constituição de si mesmo como sujeito, tomando como espaço de referência e campo de investigação aquilo que poderia chamar-se 'história do homem de desejo'." Cf.: FOUCAULT, Michel. *História da sexualidade 2:* o uso dos prazeres. Tradução de Maria Thereza da Costa Albuquerque. 8. ed. Rio de Janeiro: Edições Graal, 1984. p. 11.

[158] "Substituir a história dos conhecimentos pela análise histórica das formas de veridicção, substituir a história das dominações pela análise histórica dos procedimentos de governamentalidade, substituir a teoria do sujeito ou a história da subjetividade pela análise histórica da pragmática de si e das formas que ela adquiriu, eis as diferentes vias de acesso pelas quais procurei um pouco a possibilidade de uma história do que se poderia chamar de 'experiências'." Cf.: FOUCAULT, Michel. *O governo de si e dos outros:* curso no Collège de France (1982-1983). Tradução de Eduardo Brandão. São Paulo: WMF Martins Fontes, 2010. p. 6.

[159] "E vocês estão vendo que, na medida em que se trata de analisar as relações entre modos de veridicção, técnicas de governamentalidade e formas de práticas de

Veja-se, em suma, que o plano de compreender o poder na atualidade deve necessariamente passar pelas formas de racionalização, seja aquelas que funcionam sobre o que é *outro*, seja aquelas que funcionam sobre o que é o *si*. Enfim, saindo em definitivo das teorias positivistas, o estudo das racionalidades como constitutivas do poder é o primeiro ponto fundamental para usar o que há de melhor da teoria de Foucault.

---

si, a apresentação de pesquisas assim como uma tentativa para reduzir o saber ao poder, para fazer do saber a máscara do poder, em estruturas onde o sujeito não tem lugar, não pode ser mais que pura e simples caricatura. Trata-se, ao contrário, da análise das relações complexas entre três elementos distintos, que não se reduzem uns aos outros, que não se absorvem uns aos outros, mas cujas relações são constitutivas umas das outras. Esses três elementos são: os saberes, estudados na especificidade da sua veridicção; as relações de poder, estudados não como uma emanação de um poder substancial e invasivo, mas nos procedimentos pelos quais a conduta dos homens é governada; e enfim os modos de constituição do sujeito através das práticas de si. É realizando esse tríplice deslocamento teórico – do tema do conhecimento para o tema da veridicção, do tema da dominação para o tema da governamentalidade, do tema do indivíduo para o tema das práticas de si – que se pode, assim me parece, estudar as relações entre verdade, poder e sujeito, sem nunca reduzi-las umas às outras." Cf.: FOUCAULT, Michel. *A coragem da verdade*: curso no Collège de France (1983-1984). Tradução de Eduardo Brandão. São Paulo: WMF Martins Fontes, 2011. p. 10.

1.2. MICROFÍSICAS DO PODER

> *O mecânico dos caminhos-de-ferro de Auschwitz obedecia ao Monstro porque a mulher e os filhos tinham o poder de exigir do pai de família que trouxesse um salário para casa. O que faz mexer ou bloqueia uma sociedade são os inumeráveis poderzinhos tanto quanto a ação do poder central.*
>
> Paul Veyne, *Foucault, o pensamento, a pessoa*

A microfísica é o segundo elemento crucial para extrair o que há de mais importante do método político foucaultiano. A atenção à microfísica significava, obviamente, uma resposta do autor diante do cenário acadêmico que tinha diante de si, cujo modo crítico de pensar pressupunha se apegar às leituras macro.

Esse momento só pode ser compreendido também como uma expressão do maio de 1968. De certa maneira, o novo movimento das resistências era marcado por formas de politização e problematização focadas na "vida diária", onde as miraculosas estratégias de orquestramento da luta perdiam força no cenário crítico.[160]

Disse Deleuze que o maio de 1968 foi o "estalido de uma rede transversal na qual as lutas deixavam de estar centralizadas."[161] Era, a toda evidência, uma maneira de reinventar o movimento político a partir das grandes decepções com os regimes instalados pelas *revoluções socialistas* do século XX, sobretudo o regime soviético.

O que havia de mais marcante nesses movimentos era o questionamento do "centralismo", uma recusa tanto nas lutas quanto na teoria. Passa a estar em xeque a discussão sobre o papel dos grandes embates estruturais, agitada especialmente pelo exemplo da ruptura de Josip Broz Tito com Stálin.[162]

---

[160] HARCOURT, Bernard; EWALD, François. Situação do curso. *In:* FOUCAULT, Michel. *Teorias e instituições penais:* curso no Collège de France (1971-1972). Tradução de Rosemary Costhek Abilio. São Paulo: WMF Martins Fontes, 2020. p. 233.

[161] DELEUZE, Gilles. *El poder:* curso sobre Foucault II. Ciudad autónoma de Buenos Aires: Cactus, 2014. p. 21.

[162] "O que é o fundamental que aconteceu em todos os níveis? Foi, parece-me, um questionamento do centralismo. Seja o centralismo prático na ação política, seja o centralismo ao nível dos centros de pensamento. Como se expressava esse questionamento do centralismo prático ou teórico? Se eu fizer a sequência dos acontecimentos, se considero os acontecimentos, diria - para não ir muito longe -

Foucault tentou traduzir as novas lutas como sendo "antiautoritárias" por excelência. Traçou para tanto quais seriam os seis principais aspectos comuns a elas no campo das ideias: são transversais, focam nos efeitos de poder enquanto tal, fazem críticas aos poderes imediatos sobre os indivíduos, questionam o governo da individualização, são contra os privilégios dos regimes de saber, focam no questionamento das técnicas de poder.[163]

Esse novo movimento punha em voga o "caráter local da crítica", notando como as leituras globais prejudicam certas compreensões dos instrumentos de poder, produzindo uma espécie de teatralização. A despeito de sua utilidade parcial, as teorias macro produzem certo "efeito inibidor", invisibilizando uma série de poderes que compõem o quadro geral.[164]

Tem-se aqui mais um aspecto que marca o movimento *contrafundacional*, em dissociação com o pensamento político de Marx.[165] O aspecto *menor* da nova forma de pensar a crítica provoca um descrédito das teorias puramente macro, as quais tendiam apenas a pensar grandes oposições e pretender resistências hierarquizadas.

que, de certa maneira, o que esteve quase na base dessa crítica do centralismo é a experiência iugoslava. E a experiência iugoslava, que teve uma importância muito determinante, é a ruptura de Tito com Stalin e todo o tema da autogestão que vinha da Iugoslávia. Esse foi um momento essencial." Cf.: DELEUZE, Gilles. *El poder*: curso sobre Foucault II. Ciudad autónoma de Buenos Aires: Cactus, 2014. p. 128.

163 FOUCAULT, Michel. O sujeito e o poder. *In*: DREYFUS, Hubert; RABINOW, Paul (Org.). *Michel Foucault, uma trajetória filosófica*: para além do estruturalismo e da hermenêutica. Tradução de Vera Porto Carrero. Rio de Janeiro: Universitária, 1995. p. 236.

164 "Mas, ao mesmo tempo que essa friabilidade e essa espantosa eficácia das críticas descontínuas e particulares, locais, descobre-se, por isso mesmo, nos fatos, algo que talvez não estivesse previsto no inicio: seria o que se poderia chamar de efeito inibidor próprio das teorias totalitárias, quero dizer, em todo caso, das teorias envolventes e globais. Não que essas teorias envolventes e globais não tenham fornecido e não forneçam ainda, de uma maneira bastante constante, instrumentos localmente utilizáveis: o marxismo, a psicanalise estão precisamente ai para prová-lo. Mas elas só forneceram, acho eu, esses instrumentos localmente utilizáveis com a condição, justamente, de que a unidade teórica do discurso fique como que suspensa, em todo caso recortada, cindida, picada, remexida, deslocada, caricaturada, representada, teatralizada, etc. Em todo caso, inteiramente retomada nos próprios termos da totalidade, levou de fato a um efeito de freada. Portanto, se quiserem, primeiro ponto, primeira característica do que aconteceu durante estes quinze anos: caráter local da critica." Cf.: FOUCAULT, Michel. *Em Defesa da Sociedade*: curso no Collège de France (1975-1976). 2. ed. São Paulo: WMF Martins Fontes, 2010. p. 7.

165 HARCOURT, Bernard. *Critique & Praxis*. Nova York: Columbia University Press, 2020. p. 376.

Entretanto, isso não significava uma oposição às análises macro, significava um chamado para que se somassem as análises micro, pois sem as mesmas não era possível compreender a dinâmica social em sua máxima complexidade. O aspecto micro é em verdade uma qualificação da analítica do poder.

Foucault aponta que há uma necessária relação entre essas duas ordens, sendo essencial conjugar o "foco local" e a "estratégia global". Isso decorre da constatação de que as estratégias de poder funcionam no entrelaçamento dos dois níveis, em que efeitos de larga escala dependem de relações precisas e locais.[166]

Essa interconexão demanda um olhar que não opera por descontinuidade nem homogeneidade. Explicando melhor: o nível macro não está em total separação do micro, também não é uma simples projeção ampliada do micro. Há que se pensar em termos de "duplo condicionamento", compreendendo que a estratégia do poder pressupõe justamente os dois níveis.[167]

A análise macro é como uma ligação direta entre o início e o fim, no entanto, para Foucault o meio faz toda diferença. O meio não é um mero exercício de mecanismos ilusórios para executar o macro, os conteúdos de suas racionalidades e práticas são fundamentais. É preciso entender como funciona o micro e isso não se pode fazer crendo na existência de uma linha mestra contínua.

Estar restrito ao macro, que pensa o poder segundo um fato "maciço de dominação", não dá conta de explicar a mecânica social contemporânea, já que ignora a produção "multiforme" das relações de poder.

---

[166] "Nenhum 'foco local', nenhum 'esquema de transformação' poderia funcionar se, através de uma série de encadeamentos sucessivos, não se inserisse, no final das contas, em uma estratégia global. E, inversamente, nenhuma estratégia poderia proporcionar efeitos globais a não ser apoiada em relações precisas e tênues que lhe servissem, não de aplicação e consequência, mas de suporte e ponto de fixação." Cf.: FOUCAULT, Michel. *História da sexualidade 1*: a vontade de saber. 21. ed. Rio de Janeiro: Graal, 2011. p. 110

[167] "Entre elas, nenhuma descontinuidade, como seria o caso de dois níveis diferentes (um microscópico e o outro macroscópico); mas também nenhuma homogeneidade (como se um nada mais fosse do que a projeção ampliada ou a miniaturização do outro); ao contrário, deve-se pensar em duplo condicionamento, de uma estratégia, através da especificidade das táticas possíveis e, das táticas, pelo invólucro estratégico que as faz funcionar." Cf.: FOUCAULT, Michel. *História da sexualidade 1*: a vontade de saber. 21. ed. Rio de Janeiro: Graal, 2011. p. 110.

Como as teorias globalizantes não entendem esse funcionamento, são relativamente inábeis para produzir efeitos modificadores.[168]

Foucault é excepcionalmente importante para marcar a inserção acadêmica das análises micro, oferecendo algo realmente novo no campo crítico. Segundo se pode perceber, o discurso crítico era marcado pela existência de duas grandes leituras binárias macro: 1) Estado x sociedade; e 2) classe burguesa x classe proletária.

A primeira dessas análises se constituía em torno de um *Estado-centrismo*, no qual o poder deveria ser lido como uma expressão da grande organização estatal sobre os súditos. O Estado, em sua posição vertical, recaindo sobre a sociedade e ditando os rumos das relações.

De acordo com Marx, o Estado compõe uma superestrutura política que garante a forma capitalista, cuja matriz são as relações econômicas. Isso faz com que se opere um corte, segundo o qual o poder é tomado da sociedade, o poder jurídico-político atua junto com a ideologia para dominar o social.[169]

O Estado é encarado como um instrumento que paira sobre a sociedade: "uma existência particular ao lado e fora da sociedade civil."[170]

---

168 "Seu entrecruzamento delineia fatos gerais de dominação, que esta dominação se organiza em estratégia mais ou menos coerente e unitária; que os procedimentos dispersados, heteromorfos e locais de poder são reajustados, reforçados, transformados por essas estratégias globais, e tudo isso com numerosos fenômenos de inércia, de intervalos, de resistências; que não se deve, portanto, pensar um fato primeiro e maciço de dominação (uma estrutura binária com, de um lado, os 'dominantes' e, do outro, os 'dominados'), mas, antes, uma produção multiforme de relações de dominação, que são parcialmente integráveis a estratégias de conjunto." Cf.: FOUCAULT, Michel. *Estratégia, saber-poder*. Tradução de Vera Lucia Avellar Ribeiro. 2. ed. Rio de. Janeiro: Forense Universitária, 2006. (Ditos e escritos IV). p. 248.

169 "A totalidade dessas relações de produção constitui a estrutura econômica da sociedade, a base real sobre a qual se eleva uma superestrutura jurídica e política e à qual correspondem formas sociais determinadas de consciência." Cf.: MARX, Karl. *Contribuição à crítica da economia política*. Tradução e introdução de Florestan Fernandes. 2. ed. São Paulo: Expressão Popular, 2008. p. 47.

170 "A burguesia, por ser uma classe, não mais um estamento, é forçada a organizar-se nacionalmente, e não mais localmente, e a dar a seu interesse médio uma forma geral. Por meio da emancipação da propriedade privada em relação à comunidade, o Estado se tornou uma existência particular ao lado e fora da sociedade civil; mas esse Estado não é nada mais do que a forma de organização que os burgueses se dão necessariamente, tanto no exterior como no interior, para a garantia recíproca de sua propriedade e de seus interesses." Cf.: MARX, Karl. *A ideologia*

Ele seria comandado pelo grupo materialmente mais forte, que por cima controla o funcionamento social com o uso de sua força.

Nessa linguagem, estabelece-se uma posição privilegiada de poder centralizada na instituição estatal, de forma que todas as demais relações são apenas desdobramentos decorrentes do alto. Crê-se possível compreender o funcionamento de todas as demais relações a partir do poder do Estado.[171]

Por outro lado, o projeto das microanálises auxilia na compreensão de um outro aspecto fundamental da modernidade. Sendo o poder moderno aquele que *individualiza*, o estilo de estudo exclusivamente macro não dá conta de interpretar o que se passa, exatamente porque negligencia como as relações de poder estão funcionando nos indivíduos "entre si".[172]

O despertar para o micro atende a uma espécie de "antifuncionalismo" aprendido com Nietzsche, que destacava como a origem de uma ideia ou instituição não condiciona suas funções futuras. Na dinâmica social, as racionalidades são reinventadas e recicladas, podendo atender a contextos distintos de sua origem. O poder-saber não pode ser essencializado em nenhuma estrutura fixa, pois pode se mover para atingir outras funções, é *dúctil*.[173]

---

alemã. Tradução de Rubens Enderle, Nélio Schneider, Luciano Cavini Martorano. São Paulo: Boitempo Editorial, 2007. p. 75.

171 "Como o Estado é a forma na qual os indivíduos de uma classe dominante fazem valer seus interesses comuns e que sintetiza a sociedade civil inteira de uma época, segue-se que todas as instituições coletivas são mediadas pelo Estado, adquirem por meio dele uma forma política." Cf.: MARX, Karl. *A ideologia alemã*. Tradução de Rubens Enderle, Nélio Schneider, Luciano Cavini Martorano. São Paulo: Boitempo Editorial, 2007. p. 76.

172 "Com efeito, o que está em questão aqui é o deslocamento que teria se operado no poder, a modernidade, que teria migrado de seu centro, isto é, o Estado, para aquilo que se processaria na sua periferia, que seria o campo social enquanto tal. A inversão de leitura face ao marxismo e a filosofia política se situa exatamente neste ponto preciso. A problemática do poder se teceria no espaço social, este sendo sempre atravessado por diferenciais de força entre os corpos, que estabeleceriam entre si relações de dominação e de assujeitamento." Cf.: BIRMAN, Joel. *Jogando com a verdade*: uma leitura de Foucault. PHYSIS. *Rev. Saúde Coletiva*, Rio de Janeiro, v. 12, n. 2, p. 310, 2002.

173 "Nietzsche enfatizou que a função desempenhada hoje por uma instituição ou prática em nada explica sua origem e que, por sua vez, a origem histórica de uma ideia ou instituição não determina a que finalidade futura ela pode servir. Foucault leva o antifuncionalismo de Nietzsche para o campo da pesquisa em ciências sociais e se compromete a mostrar que todo tipo de práticas sociais que podem muito bem

Foucault traz uma concepção em que o poder na modernidade está "integrado no jogo", ou seja, insere-se ali mesmo onde está a dinâmica social, não por puro reflexo do Estado. A eficácia macro depende dessas múltiplas forças distribuídas, isso faz toda a diferença.[174]

O autor desloca as funções políticas do aparelho de Estado. Se o aparelho encarna certas funções, não é porque cria a partir de si o efeito, e sim porque o poder funciona por meio dele. É preciso desacoplar poder e Estado, para que o poder deixe de ser visto como algo prioritariamente material. O poder se exerce na somatória da mente com a matéria.[175]

A ideia de total exterioridade entre Estado e os outros tipos de microrrelações não é viável, o conceito de poder como produtor social terá que ser entendido como imanente a todos esses processos. A ideia de superestrutura mantinha a lógica de um poder meramente repres-

---

lubrificar certas rodas políticas ou sociais tiveram alterações e foram reinventadas para atender a uma variedade de objetivos. Técnicas de governança são flexíveis; eles podem ser separados do contexto institucional mais amplo em que nasceram e reciclados em contextos bastante diferentes para objetivos diferentes. Uma análise marxista, por exemplo, tenderia a afirmar que os relógios foram inventados para disciplinar os trabalhadores na pontualidade. Foucault não nega que os relógios sirvam de fato a esse propósito; mas ele insiste que não há nada inevitável nessa função ou efeito específico." Cf.: VALVERDE, Mariana. *Michel Foucault*. Nova York: Routledge, 2017. p. 19.

174 "Parece-me também que o que o século XVIII chegou a criar (e o desaparecimento da monarquia, do que chamamos de Ancien Régime, no fim do século XVIII, é precisamente a sanção disso) foi um poder que não é de superestrutura, mas que é integrado no jogo, na distribuição, na dinâmica, na estratégia, na eficácia das forças." Cf.: FOUCAULT, Michel. *Os anormais:* curso no Collège de France (1974-1975). Tradução de Eduardo Brandão. São Paulo: WMF Martins Fontes, 2010. p. 45.

175 "Em seguida, é preciso distinguir entre as funções políticas encarnadas num aparelho de Estado e o próprio aparelho. Não há coincidência entre a função (que depende de algo que Foucault designa como 'sistema'; por exemplo, 'sistema repressivo') e o aparelho de Estado que supostamente o encarna. [...] Precisamente, o poder não pode confundir-se com a instituição (o aparelho de Estado) porque ele é a força que está em potência de transformá-la, de subvertê-la, de fazê-la jogar contra si mesma." Cf.: HARCOURT, Bernard; EWALD, François. Situação do curso. In: FOUCAULT, Michel. *Teorias e instituições penais: curso no Collège de France (1971-1972)*. Tradução de Rosemary Costhek Abilio. São Paulo: WMF Martins Fontes, 2020. p. 242-243.

sivo, ficando míope para o fato de que o poder atua na própria constituição das verdades que circulam entre os indivíduos.[176]

Conjugar o micro é negar aquela "centralização global" do Estado, também é perceber que os efeitos de maior escala influem e dependem do micro. É uma mútua relação, que o pressuposto de uma unificação vindo de cima não explica, deixando um déficit interpretativo.[177]

Uma das mais interessantes novidades do pensamento político foucaultiano é esse rompimento de uma "cumplicidade em torno do Estado". Suas pesquisas tornam visíveis as táticas locais que atuam em rede, sem que sejam um mero discurso ditado por totalização.[178]

O autor nota que os estudos globais em torno do Estado não conseguiam captar como ele próprio é um efeito, não apenas causa. Isso produzia uma espécie de essencialização do Estado e uma consequente "fobia" de Estado. Não ver a teia de múltiplas relações de poder fazia criar

---

[176] "As relações de poder não se encontram em posição de exterioridade com respeito a outros tipos de relações (processos econômicos, relações de conhecimentos, relações sexuais), mas lhes são imanente; são os efeitos imediatos das partilhas, desigualdade e desequilíbrios que se produzem nas mesmas e, reciprocamente, são as condições internas destas diferenciações; as relações de poder não estão em posição de superestrutura, com um simples papel de proibição ou de recondução; possuem, lá onde atuam, um papel diretamente produtor." Cf.: FOUCAULT, Michel. *História da sexualidade 1:* a vontade de saber. 21. ed. Rio de Janeiro: Graal, 2011. p. 104

[177] "O que ainda há de piramidal na imagem marxista é substituído na microanálise funcional por uma estreita imanência na qual os focos de poder e as técnicas disciplinares formam um número equivalente de segmentos que se articulam uns sobre os outros e através dos quais os indivíduos de uma massa passam ou permanecem, corpos e almas (família, escola, quartel, fábrica e, se necessário, prisão). 'O' poder tem como características a imanência de seu campo, sem unificação transcendente, a continuidade de sua linha, sem uma centralização global, a continuidade de seus segmentos sem totalização distinta: espaço serial." Cf.: DELEUZE, Gilles. *Foucault.* Tradução de Claudia Sant'Anna Martins. São Paulo: Brasiliense, 2005. p. 37.

[178] "É como se uma cumplicidade em torno do Estado fosse rompida. Foucault não se contenta em dizer que é preciso repensar certas noções, ele não o diz, ele o faz, e assim propõe novas coordenadas para a prática. Ao fundo, ressoa uma batalha, com suas táticas locais, suas estratégias de conjunto, que não procedem, todavia, por totalização, mas por transmissão, concordância, convergência, prolongamento." Cf.: DELEUZE, Gilles. *Foucault.* Tradução de Claudia Sant'Anna Martins. São Paulo: Brasiliense, 2005. p. 40.

em torno do Estado um certo "segredo" que deveria ser desvendado.[179] A Estado-fobia é um reflexo direto do Estado-centrismo.[180]

Abraçar os estudos das pequenas relações, tais como na escola, prisão, sexualidade, hospital, era complexificar o estudo do poder. Multiplicar os focos de poder significava se desgarrar das divisões binárias que dominavam o pensamento crítico, divisões segundo as quais haveria uma lógica unilateral que impera sobre poder.[181]

As tecnologias de reprodução das pequenas práticas são um novo arquivo a ser desvendado. Se as análises macro tendem a compreender o poder como um fluxo de direção única, do Estado para baixo, as novas análises demonstram que há um vetor essencial de baixo para o Estado. De certa forma, o ímpeto de escapar do contratualismo impediu que o pensamento crítico fundacional enxergasse como as racionalidades políticas passam por dentro dos indivíduos.[182]

---

179 "O Estado não é nada mais que o efeito móvel de um regime de governamentalidades múltiplas. É por isso que eu me proponho analisar essa angústia do Estado, essa fobia do Estado, que me parece um dos traços característicos de certas temáticas correntes na nossa época. Ou antes, proponho-me retomá-la e testá-la, mas sem procurar arrancar do Estado o segredo do que ele é, como Marx tentava arrancar da mercadoria o seu segredo. Não se trata de arrancar do Estado o seu segredo, trata-se de passar para o lado de fora e interrogar o problema do Estado, de investigar o problema do Estado a partir das práticas de governamentalidade." Cf.: FOUCAULT, Michel. *Nascimento da biopolítica*. Tradução de Eduardo Brandão. São Paulo: Martins Fontes, 2008. p. 106.

180 LEMOS, Clécio. *Foucault e a Justiça pós-penal*: críticas e propostas abolicionistas. Belo Horizonte: Grupo Editorial Letramento, 2019. p. 73.

181 "Assim, estudos empíricos do governo - da regulação da loucura, saúde, bem-estar, produção, sexualidade, infância, pedagogia e assim por diante - não se simplificam: eles geram complexidade. Um aspecto dessa complexidade se provou particularmente preocupante para os estudados no marxismo ou na teoria crítica. Isso porque exige que abandonemos, de uma vez por todas, as divisões binárias que estruturaram nosso pensamento político e nossa teoria sobre o político por tanto tempo: dominação e emancipação; poder e resistência; estratégia e tática; Mesmo e Outro; civilidade e desejo. Estudos empíricos de problematizações regulatórias, ambições, programas, estratégias e técnicas exigem que descartemos a divisão entre uma lógica que estrutura e territorializa 'de cima' de acordo com protocolos que não são nossos, e uma anti-lógica mais ou menos espontânea 'de abaixo' que expressa nossas próprias necessidades, desejos, aspirações." Cf.: ROSE, Nikolas. *Powers of Freedom*. Cambridge: Cambridge University Press, 2004. p. 277.

182 "Para compreender o poder e sua materialidade, seu funcionamento diário, devemos nos remeter ao nível das micropráticas, das tecnologias políticas onde nossas práticas se formam. [...] O poder não está restrito às instituições políticas.

A análise genealógica não quer um retorno ao contratualismo dos liberais, todavia, quer resgatar a necessidade de se compreender que os poderes estatais são dependentes de racionalidades e práticas dos indivíduos. Há uma mão dupla nessa relação. Sem compreender isso, a resistência continuaria achando que basta *tomar* o Estado.

Quanto Foucault introduz o estudo dos poderes disciplinares, sua proposta é demonstrar essa infiltração do poder nas relações. Não queria mostrar apenas as instituições disciplinares, queria apontar a técnica que lhes transcende. Isso o fez trazer à luz a sociedade disciplinar, o "panoptismo" que promove uma "distribuição infinitesimal das relações de poder."[183]

Se a soberania estatal não deixou de existir e vem se fortalecendo ao longo da modernidade, deve seu sucesso em larga medida às coerções disciplinares múltiplas que operam no social. A demonstração da rede visa mostrar essa interconexão, sem que um possa se reduzir ao outro.[184]

Foucault anuncia que a mecânica do poder moderno atua de forma "capilar", porque se expressa por meio dos indivíduos, entre os indivíduos. Exige-se uma lente microscópica para destacar os pequenos

---

O poder representa um 'papel diretamente produtivo', 'ele vem de baixo', é multidirecional, funcionando de cima para baixo e também de baixo para cima. Apesar de as relações de poder serem imanentes às instituições, poder e instituições não são idênticos. Não são, contudo, relações de mera associação, nem tampouco posições de simples superestrutura." Cf.: DREYFUS, Hubert; RABINOW, Paul. *Michel Foucault, uma trajetória filosófica*: para além do estruturalismo e da hermenêutica. Tradução de Vera Porto Carrero. Rio de Janeiro: Universitária, 1995. p. 203.

[183] "Pode-se então falar, em suma, da formação de uma sociedade disciplinar nesse movimento que vai das disciplinas fechadas, espécie de 'quarentena' social, até o mecanismo indefinidamente generalizável do 'panoptismo'. Não que a modalidade disciplinar do poder tenha substituído todas as outras; mas porque ela se infiltrou no meio das outras, desqualificando-as às vezes, mas servindo-lhes de intermediária, ligando-as entre si, prolongando-as, e principalmente permitindo conduzir os efeitos de poder até os elementos mais tênues e mais longínquos. Ela assegura uma distribuição infinitesimal das relações de poder." Cf.: FOUCAULT, Michel. *Vigiar e punir.* 28. ed. Petrópolis: Vozes, 2010. p. 204.

[184] "Temos, pois, nas sociedades modernas, a partir do século XIX até os nossos dias, de um lado uma legislação, um discurso, uma organização do direito público articulados em torno do princípio da soberania do corpo social e da delegação, por cada qual, de sua soberania ao Estado; e depois temos, ao mesmo tempo, uma trama cerrada de coerções disciplinares que garante, de fato, a coesão desse mesmo corpo social." Cf.: FOUCAULT, Michel. *Em Defesa da Sociedade*: curso no Collège de France (1975-1976). 2. ed. São Paulo: WMF Martins Fontes, 2010. p. 33.

exercícios do poder, esses atos tão fundamentais para entender o que se passa em uma escala maior.[185]

O aparato de Estado ocupa uma posição importante no cenário político, isso jamais foi questionado. Entretanto, ele é um elo em um cenário de poder, um sistema que vai além e mais fundo, que funciona por dentro de cada cidadão e na relação entre os cidadãos.[186]

Há um jogo plural de sujeições no corpo social, pensar o poder como algo que decorre do rei sobre os súditos é ficar atado a um conceito como "edifício único". Ao contrário, o método foucaultiano indicava que o poder devia ser analisado como uma coisa que circula, que age "em cadeia".[187]

Por esse motivo, o autor frisou o fato de que o poder não pode ser entendido como uma *propriedade*. Repetia: o "poder se exerce."[188] O Estado não pode ser o detentor exclusivo porque o poder é necessariamente uma relação, uma transmissão, porque o poder não decorre de forma exclusiva da posição que se ocupa.

Os cidadãos nunca são meros "alvos inertes", eles são intermediários da trama do poder. Há um grande conjunto de poderes funcionando

---

185 "Mas, quando penso na mecânica do poder, penso em sua forma capilar de existir, no ponto em que o poder encontra o próprio grânulo dos indivíduos, atinge seus corpos, vem inserir-se em seus gestos, suas atitudes, seus discursos, sua aprendizagem, sua vida cotidiana. O século XVIII encontrou um regime, por assim dizer, sináptico do poder, de seu exercício no corpo social. Não acima do corpo social. A mudança de poder oficial foi ligada a esse processo, mas através de decalagens. É uma mudança de estrutura fundamental que permitiu que fosse realizada, com uma certa coerência, essa modificação dos pequenos exercícios do poder. É verdade também que foi a montagem desse novo poder microscópico, capilar que impeliu o corpo social a ejetar elementos como a corte, a personagem do rei." Cf.: FOUCAULT, Michel. *Estratégia, saber-poder*. Tradução de Vera Lucia Avellar Ribeiro. 2. ed. Rio de Janeiro: Forense Universitária, 2006. (Ditos e escritos IV). p. 161.

186 FOUCAULT, Michel. *A sociedade punitiva*: curso no Collège de France (1972-1973). Tradução de Ivone C. Benedetti. São Paulo: WMF Martins Fontes, 2015. p. 209.

187 FOUCAULT, Michel. *Em Defesa da Sociedade*: curso no Collège de France (1975-1976). 2. ed. São Paulo: WMF Martins Fontes, 2010. p. 24-26.

188 FOUCAULT, Michel. *História da sexualidade*: a vontade de saber. 21. ed. Rio de Janeiro: Graal, 2011. v. 1. p. 104-105.

em várias direções, ninguém é apenas passivo ou ativo, todos exercem e se submetem ao exercício de poderes peculiares.[189]

O poder é sempre uma situação estratégica complexa, ele é onipresente justamente pelo motivo de ser reatualizado de ponto em ponto. Não provém de uma instituição que engloba o social, o poder provém de todos os cantos do social, ainda que de formas distintas.[190]

O "modelo jurídico" de compreensão é falho na medida em que quer representar o poder por meio da lei, como se focar no Estado fosse suficiente para ler a política. É pela técnica, pela normalização, que as várias formas de poder se espalham estrategicamente para funcionar em maior escala. O foco na soberania não dá conta de conciliar os efeitos globais com a instabilidade dos fluxos de poder, não se pode compreender as normas sociais apenas a partir das leis oficiais instituídas.[191]

Sendo inegável que o Estado é um dos mais importantes veículos de poder, é fundamental atentar para os processos não só que o autorizam, mas que igualmente o concretizam. É na normalização quotidia-

---

[189] "O poder, acho eu, deve ser analisado como uma coisa que circula, ou melhor, como uma coisa que só funciona em cadeia. Jamais é apossado como uma riqueza ou um bem. O poder funciona. O poder se exerce em rede e, nessa rede, não só os indivíduos circulam, mas estão sempre em posição de ser submetidos a esse poder e também de exercê-lo. Jamais eles são o alvo inerte ou consentidor do poder, são sempre seus intermediários. Em outras palavras, o poder transita pelos indivíduos, não se aplica a eles." Cf.: FOUCAULT, Michel. *Em Defesa da Sociedade*: curso no Collège de France (1975-1976). 2. ed. São Paulo: WMF Martins Fontes, 2010. p. 26.

[190] "Onipresença do poder: não porque tenha o privilégio de agrupar tudo sob a sua invencível unidade, mas porque se produz a cada instante, em todos os pontos, ou melhor, em toda relação entre um ponto e outro. O poder está em toda parte; não porque englobe tudo e sim porque provém de todos os lugares. [...] Sem dúvida, devemos ser nominalistas: o poder não é uma instituição e nem uma estrutura, não é uma certa potência de que alguns sejam dotados: é o nome dado a uma situação estratégica complexa numa sociedade determinada." Cf.: FOUCAULT, Michel. *História da sexualidade 1*: a vontade de saber. 21. ed. Rio de Janeiro: Graal, 2011. p. 103.

[191] "E se é verdade que o jurídico pôde servir para representar, de modo sem dúvida exaustivo, um poder essencialmente centrado na coleta e na morte, ele é absolutamente heterogêneo com relação aos novos procedimentos de poder que funcionam, não pelo direito, mas pela técnica, não pela lei mas pela normalização, não pelo castigo mas pelo controle, e que exercem em níveis e formas que extravasam do Estado e de seus aparelhos." Cf.: FOUCAULT, Michel. *História da sexualidade 1*: a vontade de saber. 21. ed. Rio de Janeiro: Graal, 2011. p. 99-100.

na que as marcas de poder se tornam mais ou menos regulares, essa concretização do normal só pode ser entendida no nível micro.

O institucional-centrismo[192] é uma forma de rigidez teórica, supondo ver no contexto político uma situação de estabilidade e equilíbrio do poder. Sem investir na camada microfísica, não se pode compreender a grande instabilidade que se encontra na base múltipla das relações. Eis um bom ponto para mostrar como Foucault, pelo menos a partir da década de 1970, já não consentia com as premissas estruturalistas.[193]

Ao invés da análise Estado *versus* sociedade, análise molar, de todo simplificadora, a proposta foucaultiana é demonstrar as "complementariedades moleculares". O binarismo perde em qualidade porque supõe um quadro muito rígido, principalmente quando não consegue explicar como grandes modificações sociais foram produzidas sem os enfrentamentos de larga escala. Não se trata de inverter o binarismo, e sim de ver que ele não é útil para interpretar a política.[194]

É preciso detectar o poder em seu próprio meio, lá onde se exerce. Nesse nível, é de curto alcance a separação: Estado puro detentor de poder, cidadão mero passivo do poder. A complementariedade micro é um giro operado por Foucault em descompasso com grande parte da teoria política dos dois últimos séculos, cujo cerne focava no poder soberano (lei) como explicador da política.[195]

---

[192] FOUCAULT, Michel. *Segurança, território, população*: curso no Collège de France (1977-1978). Tradução de Eduardo Brandão. São Paulo: Martins Fontes, 2008. p. 157.

[193] "No nível de grandes conjuntos, é claro que ele é possuído, é claro que é estável, é claro que está em equilíbrio. Mas essa não é a fonte de poder. Temos que chegar àquela camada microfísica que não se deixa sedimentar, que é pura estratégia e não estrato, inúmeros pontos de confronto, focos de instabilidade. [...] Sintam que aqui nos encontramos no ponto em que talvez vamos poder confirmar nossas análises da diferença entre Foucault e o estruturalismo. As estruturas estão fundamentalmente em equilíbrio. O desequilíbrio estrutural ocorre, mas a estrutura como estrutura designa um estado de equilíbrio." Cf.: DELEUZE, Gilles. *El poder*: curso sobre Foucault II. Ciudad autónoma de Buenos Aires: Cactus, 2014. p. 39.

[194] "As análises molares acabam sempre em oposições: infraestrutura X superestrutura, dominantes-dominados, classe burguesa X proletários. [...] É óbvio que uma microfísica pretende ultrapassar as oposições molares. Para onde? Para as complementariedades moleculares." Cf.: DELEUZE, Gilles. *El poder*: curso sobre Foucault II. Ciudad autónoma de Buenos Aires: Cactus, 2014. p. 58-59.

[195] "Considero que a oposição teórica entre Estado e sociedade civil, na qual trabalha a teoria política há 150 anos, não é muito fecunda. Uma das razões que me

A instância de baixo – micro – constitui uma rede de muitos elos, que não pode ser entendida apenas a partir das instituições. É o poder que explica as instituições, não o contrário. O poder perpassa as instituições, funciona nelas e segue além.[196]

Essa ausência de homogeneidade do poder só pode ser explicada pela existência de vários pontos singulares que se conectam, de maneira que o Estado deve ser visto mais como efeito do que causa do poder. É claro que ele exerce poder, todavia, em regra esse exercício decorre de procedimentos menores que ele filtra. Poderes prévios que são aprovados, controlados ou preservados.[197]

Destacar a microfísica do poder não significa simplesmente ver o macro se expressando nas relações menores, é bom que se diga para evitar confusões. A importância de focar o micro está justamente no fato de que ele não é uma "simples miniaturização", como se Estado dominasse os contatos interpessoais. O que há de notável no micro são seus laços móveis, onde funcionam racionalidades que não são mera reprodução macro.[198]

---

levam a colocar a questão do poder, tomando-a em seu próprio meio, lá onde se exerce, sem procurar nem suas formulações gerais nem seus fundamentos, é que não aceito a oposição entre um Estado que seria detentor do poder e que exerceria sua soberania sobre uma sociedade civil, a qual, em si mesma, não seria depositária de semelhantes processos de poder. Minha hipótese é que a oposição entre Estado e sociedade civil não é pertinente." Cf.: FOUCAULT, Michel. *Repensar a política*. Tradução de Ana Lúcia Paranhos Pessoa. Rio de Janeiro: Forense Universitária, 2010. (Ditos e escritos VI). p. 340.

196 "E essas formas sociais de integração são o que chamamos de instituições. Daí o investimento de Foucault: não é a instituição que explica o poder, é o poder que explica a instituição, na medida em que as relações de poder se integram nas instituições." Cf.: DELEUZE, Gilles. *El poder:* curso sobre Foucault II. Ciudad autónoma de Buenos Aires: Cactus, 2014. p. 142.

197 "Em suma, o poder não tem homogeneidade; define-se por singularidade, pelos pontos singulares por onde passa. [...] Foucault mostra, ao contrário, que o próprio Estado aparece como efeito de conjunto ou resultante de uma multiplicidade de engrenagens e de focos que se situam num nível bem diferente e que constituem por sua conta uma 'microfísica do poder'. Não somente os sistemas privados, mas as peças explícitas do aparelho de Estado têm ao mesmo tempo uma origem, procedimentos e exercícios que o Estado aprova, controla ou se limita a preservar em vez de instituir." Cf.: DELEUZE, Gilles. *Foucault*. Tradução de Claudia Sant'Anna Martins. São Paulo: Brasiliense, 2005. p. 35.

198 DELEUZE, Gilles. *Foucault*. Tradução de Claudia Sant'Anna Martins. São Paulo: Brasiliense, 2005. p. 82-83.

Por isso é preciso dizer que a investigação dos micropoderes é uma questão de "ponto de vista", ao contrário de uma "questão de escala". Entendida a teoria, o exercício do poder já não pode ser uma mera descida das diretrizes estatais e, por sua vez, o micro pode apontar questões estratégicas para compreender os efeitos de maior grandeza.[199]

Seria um engano querer entender a dinâmica social a partir de uma história das instituições. Nessa busca, convém compreender muito mais a circulação das racionalidades, pulverizando sentidos e atos. Nunca se deve perder de vista que o poder depende do saber, bem como que o saber não é algo físico que se possa simplesmente dominar pela violência.[200]

A fluidez das técnicas de poder não pode ser amarrada em instituições, isso representaria um prejuízo teórico evidente. Deve-se atentar para as ações quotidianas, operando por racionalidades que eventualmente dão suporte às instituições e que, todavia, não se reduzem a essa função. Uma instituição autoritária se sustenta em muitas pequenas relações de sociabilidade autoritária das pessoas entre si.[201]

Aderir a uma visão *positiva* do poder é entender como ele só funciona quando promove formas de racionalidade que são incorporadas. O

---

[199] "O que eu queria fazer - e era esse o objeto da análise - era ver em que medida se podia admitir que a análise dos micropoderes ou dos procedimentos da governamentalidade não está, por definição, limitada a uma área precisa, que seria definida por um setor da escala, mas deve ser considerada simplesmente um ponto de vista, um método de decifração que pode ser válido para a escala inteira, qualquer que seja a sua grandeza. Em outras palavras, a análise dos micropoderes não é uma questão de escala, não é uma questão de setor, é uma questão de ponto de vista." Cf.: FOUCAULT, Michel. *Nascimento da biopolítica*. Tradução de Eduardo Brandão. São Paulo: Martins Fontes, 2008. p. 258.

[200] "Meu trabalho não tem como objetivo uma história das instituições ou uma história das ideias, mas a história da racionalidade, tal como ela opera nas instituições e na conduta das pessoas. A racionalidade é o que programa e orienta o conjunto da conduta humana. Há uma lógica tanto nas instituições quanto na conduta dos indivíduos e nas relações políticas. Há uma racionalidade mesmo nas formas mais violentas. O mais perigoso, na violência, é sua racionalidade. É claro que a violência é, nela mesma, terrível." Cf.: FOUCAULT, Michel. *Estratégia, saber-poder*. Tradução de Vera Lucia Avellar Ribeiro. 2. ed. Rio de. Janeiro: Forense Universitária, 2006. (Ditos e escritos IV). p. 319.

[201] PASSETTI, Edson. *Anarquismos e sociedade de controle*. São Paulo: Cortez, 2003. p. 217.

poder não é passivo nem estático, ele só pode ser visto em movimento, porque seu efeito ocorre quando passa de pessoa para pessoa.[202]

Quando Foucault se propõe a fazer uma genealogia do Estado moderno nos cursos de 1976 a 1979, seu pressuposto foi exatamente não partir de um universal sobre o Estado. O foco nas racionalidades do poder projetava como consequência uma necessidade de extrapolar o Estado, de forma que seus limites e sua sobrevivência dependem de táticas que não se prendem a locais.[203]

Seu método era passar por trás da instituição para encontrar as tecnologias de poder. No exterior do Estado se pode fazer uma análise que "reconstitui toda rede de alianças, de comunicações, de pontos de apoio",[204] trazer à superfície as *microsujeições* que compõem o quadro geral.

---

202 "Em primeiro lugar, Foucault se interessa pelas instituições não tanto por si mesmas quanto por serem lugar de relações de forças, de confrontos de uma força contra outra, uma das quais vai ter de ceder quando a outra manifestar seu fulgor (seu poder) na própria ferida que ela inflige (o que Foucault chama de 'marca').[...] A análise institucional ou em termos de aparelho de Estado dá uma visão passiva do poder, ao passo que tudo é ativo nas relações de poder. Como Foucault lembrará continuamente, o poder nunca é estático, só é captado 'em exercício', em movimento, em suas operações. A visão por aparelho de Estado é estática, enquanto a análise do poder é a de uma dinâmica, sempre ativa, sempre em movimento." Cf.: HARCOURT, Bernard; EWALD, François. Situação do curso. In: FOUCAULT, Michel. *Teorias e instituições penais*: curso no Collège de France (1971-1972). Tradução de Rosemary Costhek Abilio. São Paulo: WMF Martins Fontes, 2020. p. 241.

203 "E é possível que, se o Estado existe tal como ele existe agora, seja precisamente graças a essa governamentalidade que é ao mesmo tempo exterior e interior ao Estado, já que são as táticas de governo que, a cada instante permitem definir o que deve ser do âmbito do Estado e o que não deve, o que é publico e o que é privado, o que é estatal e o que é não-estatal. Portanto, se quiserem, o Estado em sua sobrevivência e o Estado em seus limites só devem ser compreendidos a partir das táticas gerais da governamentalidade." Cf.: FOUCAULT, Michel. *Segurança, território, população*: curso no Collège de France (1977-1978). Tradução de Eduardo Brandão. São Paulo: Martins Fontes, 2008. p. 145.

204 "Primeiro, passar para o exterior da instituição, descentrar-se em relação à problemática da instituição, ao que se poderia chamar de 'institucional-centrismo'. [...] Um método como esse consiste em passar por trás da instituição a fim de tentar encontrar, detrás dela e mais globalmente que ela, o que podemos chamar grosso modo de tecnologia de poder. Assim, essa análise permite substituir a análise genética segundo a filiação por uma análise genealógica, uma análise genealógica que reconstitui toda rede de alianças, de comunicações, de pontos de apoio." Cf.: FOUCAULT, Michel. *Segurança, território, população*: curso no Collège

Desvincular-se dos universais dos objetos do conhecimento e das funções exclusivamente macro remetia também a um desapego com relação ao Estado. Seu intento é demonstrar como o próprio Estado expressa uma aglutinação instável de disputas locais, laterais, diagonais.[205]

É preciso afirmar: "o Estado não tem essência". É preciso resistir a um estudo de tipo positivista que desejaria objetificar o Estado, pois não há uma característica que traduz a sua verdade. Ele não pode ser visto como uma autoridade central da qual se originam os poderes, sua suposta autonomia logo perde espaço quando se traz a relevância dos poderes e racionalidade locais. A toda prova, os Estados não são todos iguais e também não possuem como natureza uma oposição aos cidadãos.[206]

O *Estado-centrismo* normalmente se expressa de duas formas, quando se pressupõe o Estado como um progresso *natural* da sociedade, estilo universalista, ou quando simplesmente vê o Estado como aquilo que dominou o poder da sociedade, estilo imanente. Há uma leitura limitada do enredo político em ambas os casos.

O Estado é prioritariamente instrumento do poder, não o contrário. É uma caricatura a imagem do Estado como um "monstro frio" que não para de crescer independente dos homens, em verdade, são as multiplicidades micro que se "coagulam" e repercutem efeitos que se espalham, por dentro ou por fora do Estado.[207]

---

de France (1977-1978). Tradução de Eduardo Brandão. São Paulo: Martins Fontes, 2008. p. 157.

205 FOUCAULT, Michel. *Segurança, território, população*: curso no Collège de France (1977-1978). Tradução de Eduardo Brandão. São Paulo: Martins Fontes, 2008. p. 159-161.

206 "É que o Estado não tem essência. O Estado não é um universal, o Estado não é em si uma fonte autônoma de poder. O Estado nada mais é que o efeito, o perfil, o recorte móvel de uma perpétua estatização, ou de perpétuas estatizações, de transações incessantes que modificam, que deslocam, que subvertem, que fazem deslizar insidiosamente, pouco importa, as fontes de financiamento, as modalidades de investimento, os centros de decisão, as formas e os tipos de controle, as relações entre as autoridades locais, a autoridade central, etc." Cf.: FOUCAULT, Michel. *Nascimento da biopolítica*. Tradução de Eduardo Brandão. São Paulo: Martins Fontes, 2008. p. 105-106.

207 "E se, de fato, todas essas relações de poder que vemos se formarem pouco a pouco a partir de processos múltiplos e bem diferentes uns dos outros, e que pouco a pouco se coagulam e fazem efeito, se essas práticas de governo fossem precisamente aquilo a partir do que se constitui o Estado? Haveria que dizer, nesse momento, que o Estado não é na história essa espécie de monstro frio que não

Uma genealogia do Estado moderno propõe ver como ele é constituído pelas racionalidades dos homens, descobrir o Estado como maneira de fazer e pensar. Ressaltar o micro não significava calar o macro, porém mostrar como são construídas suas condições de possibilidade.[208]

Portanto, assim como se negava a produzir uma "teoria do poder", Foucault igualmente se negava a fazer uma "teoria do Estado". O Estado não pode ser o centro da questão política, partir desse princípio seria justamente fazer uma analítica nos moldes clássicos, segundo os quais a soberania deveria explicar tudo mais.[209]

Por não conseguirem conceber um poder que transcende o institucional, muitos movimentos críticos acabaram por promover governos que repetiam a lógica de seus opositores. Ao longo do século XX, o ímpeto revolucionário em regra acabou reproduzindo o funcionamento dos Estados que criticavam, justamente por não estarem atentos às racionalidades e às microrrelações.[210]

---

parou de crescer e de se desenvolver como uma espécie de organismo ameaçador acima de uma sociedade civil. Tratar-se-ia de mostrar como uma sociedade governamentalizada instituiu, a partir do século XVI, certa coisa ao mesmo tempo frágil e obcecante que se chama Estado. Mas o Estado nada mais é que uma peripécia do governo, e não o governo que é um instrumento do Estado." Cf.: FOUCAULT, Michel. *Segurança, território, população*: curso no Collège de France (1977-1978). Tradução de Eduardo Brandão. São Paulo: Martins Fontes, 2008. p. 331.

208 "A história do Estado deve poder ser feita a partir da própria prática dos homens, a partir do que eles fazem e da maneira como pensam. O Estado como maneira de fazer, o Estado como maneira de pensar. Creio que essa não é, certamente, a única possibilidade de análise que temos quando queremos fazer a história do Estado, mas é uma das possibilidades, a meu ver, suficientemente fecunda, fecundidade essa ligada, no meu entender, ao fato de que se vê que não há, entre o nível do micropoder e o nível do macropoder, algo como um corte, ao fato de que, quando se fala num, não se exclui falar no outro." Cf.: FOUCAULT, Michel. *Segurança, território, população*: curso no Collège de France (1977-1978). Tradução de Eduardo Brandão. São Paulo: Martins Fontes, 2008. p. 481.

209 "Sim, eles disseram, mas com a sua teoria do micropoder seria impossível você dar uma teoria do estado. Nestas palestras [sobre o neoliberalismo americano], você tem a resposta de Foucault a essa pergunta. E a resposta de Foucault é: 'Não precisamos de uma teoria do Estado, precisamos de uma teoria do governo'. O estado não está no cerne da questão política." Cf.: BECKER, Gary; EWALD, François; HARCOURT, Bernard. Becker on Ewald on Foucault on Becker. *The Carceral Notebooks*, v. 7, p. 5, maio, 2011.

210 "É possível mudar o mundo tomando o poder? É a partir deste problema que Foucault, perguntado se sua concepção de uma rede difusa de relações de poder

Ao acreditar apenas nas leituras macro, esqueceram-se de ver e modificar as veridicções que atuam nas relações micro. Foi o caso da União Soviética, onde a revolução bolchevique ascendeu em 1917 ao controle do aparelho estatal, porém pouco se atentou para a necessidade de promover alterações significativas nos contextos em rede. O poder pouco mudou, pois, a questão não é *quem*, mas *como*.[211]

Não que seja o único caso, mas a situação soviética é exemplar. A tomada do Estado pela força não foi eficiente em construir novas horizontalidades do poder, deixando praticamente intactas as racionalidades que se expressam nas famílias, na sexualidade, no trabalho, na prisão etc.[212]

Apoiados em regra no Estado-centrismo de Marx, grupos críticos só conseguiam reproduzir em seu planejamento a forma-Estado. Uma das principais expressões disso foi a constituição de partidos políticos que replicavam todos os mesmos jogos de hierarquia e exclusão. Esquecer

---

co-extensiva ao campo social não ignorava o problema do Estado, responde que fora levado a este tipo de formulação teórica, justamente, por uma reflexão crítica sobre o destino da 'revolução' naqueles países em que se tomara o aparelho de Estado e se acabara por reproduzir o estado burguês que se julgava ter extinto." Cf.: NUNES, Rodrigo. Como não ler Foucault e Deleuze? Ou: para ler Foucault e Deleuze politicamente. *Princípios*, Natal (RN), v. 20, n. 33, p. 568, jan./jun. 2013.

211 "O poder não opera em um único lugar, mas em lugares múltiplos: a família, a vida sexual, a maneira como se trata os loucos, a exclusão dos homossexuais, as relações entre os homens e as mulheres [...]todas essas relações são relações políticas. Só podemos mudar a sociedade sob a condição de mudar essas relações. O exemplo da União Soviética é, nesse sentido, decisivo. Podemos dizer que a União Soviética é um país no qual as relações de produção mudaram depois da revolução. O sistema legal concernente à propriedade mudou também. Do mesmo modo, as instituições políticas se transformaram depois da revolução. Mas todas as relações de poder menos importantes na família, na sexualidade, na usina, entre os trabalhadores etc, permaneceram, na União Soviética, o que são nos outros países ocidentais. Nada mudou realmente." Cf.: FOUCAULT, Michel. *Estratégia, saber-poder*. Tradução de Vera Lucia Avellar Ribeiro. 2. ed. Rio de. Janeiro: Forense Universitária, 2006. (Ditos e escritos IV). p. 262.

212 "O exemplo da sociedade soviética para Foucault é probante: lá existiu um aparelho de Estado que mudou de mãos, mas deixou as hierarquias sociais, a vida familiar, o corpo, a sexualidade, quase da mesma forma como se estivessem em uma sociedade capitalista." Cf.: MOTTA, Manoel Barros da. Apresentação. In: FOUCAULT, Michel. *Estratégia, saber-poder*. Tradução de Vera Lucia Avellar Ribeiro. 2. ed. Rio de. Janeiro: Forense Universitária, 2006. (Ditos e escritos IV). p. XII.

a necessidade de cambiar as racionalidades e os pequenos poderes cobrou um preço caro, todos sabem.[213]

Os partidos revolucionários se tornaram centralizadores, mesmo antes de tomarem a dianteira do Estado. Sendo a política vista como uma expressão do Estado, a disputa em geral se restringiu à conquista da soberania e da lei, não um questionamento dos valores que compõem a rede transversal.[214]

Para mudar o poder em larga escala, é fundamental atuar nos mecanismos de poder difusos. Um câmbio substancial exige compreender bem as veridicções e as subjetivações em prática, atravessar novas lógicas nesses âmbitos é a forma de romper com certas continuidades históricas da modernidade. Desinstitucionalizar o poder não é ignorar a importância das instituições na trama, é ir ao ponto que perpassa as instituições para poder produzir mudanças efetivas.

A verdadeira resistência deve proceder tanto da construção de novas instituições quanto de novas individualizações. A renovação da crítica promovida por Foucault auxilia a compreender essa dupla tarefa, na medida em que dá destaque para o micro e interrompe a velha disputa Estado *versus* sociedade que animou a maioria dos pensamentos revolucionários até então. É fundamental promover uma recusa das racionalidades existentes e fomentar uma criatividade política.[215]

---

213 "Realmente, os movimentos revolucionários marxistas ou influenciados pelo marxismo, a partir do final do século XIX, privilegiaram o aparelho de Estado como alvo de luta. A que foi que isto levou? Para poder lutar contra um Estado que não é apenas um governo, é preciso que o movimento revolucionário se atribua o equivalente em termos de forças político-militares, que ele se constitua, portanto, como partido, organizado – interiormente – como um aparelho de Estado, com os mesmos mecanismos de disciplina, as mesmas hierarquias, a mesma organização de poderes. Esta consequência é grave." Cf.: FOUCAULT, Michel. *Microfísica do poder*. 26. ed. Rio de Janeiro: Edições Graal, 2008. p. 149.

214 "Trata-se justamente da questão: que fazer? O privilégio teórico que se dá ao Estado como aparelho de poder leva, de certa forma, à concepção prática de um partido dirigente, centralizador, procedendo à conquista do poder de Estado, mas, inversamente, é esta concepção organizacional do partido que se faz justificar por esta teoria do poder. Outra teoria, outra prática – é esta a aposta do livro de Foucault." Cf.: DELEUZE, Gilles. *Foucault*. Tradução de Claudia Sant'Anna Martins. São Paulo: Brasiliense, 2005. p. 40.

215 "Talvez, o objetivo hoje em dia não seja descobrir o que somos, mas recusar o que somos. Temos que imaginar e construir o que poderíamos ser para nos livrarmos deste "duplo constrangimento" político, que é a simultânea individualização e totalização própria às estruturas do poder moderno. A conclusão seria que o problema político, ético, social e filosófico de nossos dias não é tentar libertar o

O segundo grande efeito das análises micro foi levar Foucault a superar as leituras políticas centradas na guerra. E é preciso que se diga, ele mesmo demorou um bom tempo para compreender a necessidade de mudar sua visão sobre o tema. Esse amadurecimento só viria anos depois.

Como bem se sabe, o pensamento crítico de Marx se estruturava na dialética da luta de classes. Sua história geral prometia uma leitura segunda a qual todo o desenrolar das relações políticas de até então poderia ser entendido como um embate de opostos.[216]

Segundo Marx, os modos de produção condicionavam um binarismo, de maneira que das condições econômicas sempre brotavam grupos antagônicos. Ainda que de formas distintas, todos os percursos históricos podiam ser resumidos pela existência de classes que se afrontam, havendo sempre a posição de domínio de uma sobre a outra.[217]

Seguindo a lógica do materialismo, essa exploração é o que condiciona também as formas de pensar. O antagonismo que brota de um controle material se traduz em uma polarização das ideias, de forma que também no campo mental o que se faz é uma disputa de dois grupos.[218]

A essência dessa leitura é que o poder se exerce por contradição, um grupo está sempre contra o outro, o benefício de um é mecanicamente

---

indivíduo do Estado nem das instituições do Estado, porém nos libertarmos tanto do Estado quanto do tipo de individualização que a ele se liga. Temos que promover novas formas de subjetividade através da recusa deste tipo de individualidade que nos foi imposto há vários séculos." Cf.: FOUCAULT, Michel. O sujeito e o poder. In: DREYFUS, Hubert; RABINOW, Paul (Org.). *Michel Foucault, uma trajetória filosófica*: para além do estruturalismo e da hermenêutica. Tradução de Vera Porto Carrero. Rio de Janeiro: Universitária, 1995. p. 238.

216 "A história de todas as sociedades que existiram até nossos dias tem sido a história das lutas de classes." Cf.: MARX, Karl; ENGELS, , Friedrich. *Manifesto do partido comunista*. Tradução de Álvaro Pina. São Paulo: Boitempo Editorial, 2005. p. 40.

217 "A história de todas as sociedades até o presente movimentou-se em torno de antagonismos de classe que, em cada época, se apresentavam de forma diferente. Quaisquer que tenham sido essas formas, a exploração de uma parcela da sociedade por outra é um fato comum em todos os séculos passados." Cf.: MARX, Karl; ENGELS, Friedrich. *Manifesto do partido comunista*. Tradução de Álvaro Pina. São Paulo: Boitempo Editorial, 2005. p. 57.

218 "Por isso, não é de se estranhar que a consciência social de todas as épocas, apesar da diversidade e da diferença, se movimente segundo certas formas comuns; em formas de consciência que só se dissolverão com o desaparecimento dos antagonismos de classe." Cf.: MARX, Karl; ENGELS, Friedrich. *Manifesto do partido comunista*. Tradução de Álvaro Pina. São Paulo: Boitempo Editorial, 2005. p. 58.

o prejuízo do outro. A classe superior possuiria os direitos e a outra classe possuiria apenas os deveres decorrentes.

Seja qual for o tempo, na antiguidade, feudalismo ou capitalismo, há sempre uma disputa central. É partir daí que o historicismo de Marx se estabelece para tentar entender o seu tempo, momento em que estaria estabelecida a última das lutas. Em tom profético, o autor afirma que o modelo burguês traz em si mesmo seu próprio antídoto nas condições sociais de existência e, por isso mesmo, com ele se findará a "pré-história da sociedade humana."[219]

Sendo assim, o pensamento de Marx é devoto de uma perspectiva *evolucionista*, crendo que a classe proletária é possuidora do caráter progressista inevitável. Ao invés do foco biológico ou racial, essa filosofia é uma espécie de *darwinismo* da história, agora baseado nas classes econômicas.[220]

O antagonismo de classes seria finalizado apenas com a revolução proletária e instalação do comunismo, momento quando a propriedade privada burguesa finalmente se extinguiria. É apenas aí que se poderia encerrar a interpretação política calcada na exploração de uma classe pela outra, somente então não teria mais sentido a teoria que se resume em blocos de oposição.[221]

---

[219] "Em grandes traços, podem ser os modos de produção asiático, antigo, feudal e burguês moderno designados como outras tantas épocas progressivas da formação da sociedade econômica. As relações de produção burguesas são a última forma antagônica do processo de produção social, antagônica não no sentido de um antagonismo individual, mas de um antagonismo que nasce das condições de existência sociais dos indivíduos; as forças produtivas que se desenvolvem no seio da sociedade burguesa criam, ao mesmo tempo, as condições materiais para resolver esse antagonismo. Com essa formação social termina, pois, a pré-história da sociedade humana." Cf.: MARX, Karl. *Contribuição à crítica da economia política*. Tradução e introdução de Florestan Fernandes. 2. ed. São Paulo: Expressão Popular, 2008. p. 47.

[220] "A diferença entre a atitude histórica de Marx e a atitude naturalista de Darwin já foi apontada muitas vezes, quase sempre com justiça, a favor de Marx. Isso nos leva a esquecer o profundo e positivo interesse de Marx pelas teorias de Darwin; para Engels, o maior cumprimento à obra erudita de Marx era chamá-lo de 'Darwin da história'. Se considerarmos não a obra propriamente dita, mas as filosofias básicas de ambos, verificaremos que, afinal, o movimento da história e o movimento da natureza são um só. [...] A lei "natural" da sobrevivência dos mais aptos é lei tão histórica - e pôde ser usada como tal pelo racismo - quanto a lei de Marx da sobrevivência da classe mais progressista." Cf.: ARENDT, Hannah. *Origens do totalitarismo*. Tradução de Roberto Raposo. São Paulo: Companhia das Letras. 1989. p. 515-516.

[221] "O que caracteriza o comunismo não é a supressão da propriedade em si, mas a supressão da propriedade burguesa. Porém, a propriedade burguesa moderna constitui a última e mais completa expressão do modo de produção e apropriação

Portanto, veja-se que a teoria política de Marx para compreender a modernidade se dissocia francamente do modelo contratualista, quando fixa a permanência de um conflito no centro do próprio funcionamento do Estado. A teoria do conflito diverge da teoria do consenso que é usada nos modelos liberais, por isso Foucault identifica a predominância de dois grandes esquemas de análise do poder.

O esquema denominado "contrato-opressão", cujo mentor poderia ser Hobbes, faz uma leitura jurídica para apontar os limites do poder. A legitimidade da soberania decorre do pacto pressuposto, que define a violação como aquilo que extrapola a regra estipulada. Nessa linguagem se indica uma "obrigação legal de obediência" dos súditos enquanto houver atuação do Estado dentro do contrato, de modo que os embates sociais desapareçam sob o manto da suposta aceitação coletiva.[222]

Já o modelo "guerra-repressão", representado por Hegel e Marx, é aquele que marca a matriz crítica fundacional. Foucault diz que essa leitura se forma a partir da inversão do famoso aforismo de Clausewitz, ficando da seguinte forma: "a política é a guerra continuada por outros meios."[223] Isso significava anunciar que o Estado civil surge da guerra, permanece na guerra e será extinto pela guerra.

Esse segundo estilo tem como marca um conceito negativo de poder, segundo o qual o poder é aquilo que reprime, que é usado para explorar e submeter uma classe subalterna. O Estado não significa a pacificação do seio social, ele é o próprio instrumento da luta de grupos, ou melhor, da dominação de um grupo sobre o outro.

baseado em antagonismos de classes, na exploração de uma classe por outra. Neste sentido, os comunistas podem resumir sua teoria em uma única expressão: supressão da propriedade privada." Cf.: MARX, Karl; ENGELS, Friedrich. *Manifesto do partido comunista*. Tradução de Álvaro Pina. São Paulo: Boitempo Editorial, 2005. p. 53.

[222] "O papel essencial da teoria do direito, desde a Idade Média, é o de fixar a legitimidade do poder: o problema maior, central, em torno do qual se organiza toda a teoria do direito é o problema da soberania. Dizer que o problema da soberania é o problema central do direito nas sociedades ocidentais significa que o discurso e a técnica do direito tiveram essencialmente como função dissolver, no interior do poder, o fato da dominação, para fazer que aparecessem no lugar dessa dominação, que se queria reduzir ou mascarar, duas coisas: de um lado, os direitos legítimos da soberania, do outro, a obrigação legal da obediência." Cf.: FOUCAULT, Michel. *Em Defesa da Sociedade*: curso no Collège de France (1975-1976). 2. ed. São Paulo: WMF Martins Fontes, 2010. p. 23-24.

[223] FOUCAULT, Michel. *Em defesa da sociedade*: curso no Collège de France (1975-1976). 2. ed. São Paulo: Martins Fontes, 2010. p. 15.

É possível dizer que Foucault realizou uma separação apenas parcial desse modelo no início de sua genealogia do poder. A despeito de enxergar o poder como essencialmente "ativo", criador de verdades, seus cursos permaneceriam marcados pela linguagem da "Guerra Civil" de 1971 a 1976.[224]

É certo que sua ideia de guerra civil não era explicitamente o mesmo que luta de classes. Apesar de reconhecer a existência de classes e a importância delas para uma leitura política, já punha em questão a necessidade da microfísica e o fato de que não existe a suposta "superposse" de poder que estabiliza toda a estrutura.[225]

Foucault reconhecia a importância do jogo econômico na política contemporânea, contudo, não o via como o jogo central. Via que o poder não tem natureza, seja econômica ou qualquer outra, que ele é fluido e pode assumir várias faces.

A crítica de Foucault à dialética é evidente, porque notava como ela dependia de uma visão universalista sobre a história e sobre o homem. O autor não via sentido no "discurso amargo e partidário da guerra fundamental",[226] sua visão partia da existência de múltiplas disputas imanentes, sem uma causa natural ou fim prometido.

---

[224] FOUCAULT, Michel. *Teorias e instituições* penais: curso no Collège de France (1971-1972). Tradução de Rosemary Costhek Abilio. São Paulo: WMF Martins Fontes, 2020. p. 160-163.

[225] "Evidentemente, nessa espécie de guerra geral através da qual se exerce o poder, há uma classe social que ocupa um lugar privilegiado e, por isso, pode impor sua estratégia, conseguir diversas vitórias, acumulá-las e obter para seu proveito um efeito de superpoder, mas esse efeito não é da ordem da superposse. O poder não é monolítico. Nunca é inteiramente controlado de certo ponto de vista por certo número de pessoas. A cada instante, ele se desenrola em pequenas disputas singulares, com inversões locais, derrotas e vitórias regionais, desforras provisórias." Cf.: FOUCAULT, Michel. *A sociedade punitiva:* curso no Collège de France (1972-1973). Tradução de Ivone C. Benedetti. São Paulo: WMF Martins Fontes, 2015. p. 207-208.

[226] "No fundo, a dialética codifica a luta, a guerra e os enfrentamentos dentro de uma lógica, ou pretensa lógica, da contradição; ela os retoma no duplo processo da totalização e da atualização de uma racionalidade que é a um só tempo final, mas fundamental, e em todo caso irreversível. Enfim, a dialética assegura a constituição, através da história, de um sujeito universal, de uma verdade reconciliada, de um direito em que todas as particularidades teriam enfim seu lugar ordenado. A dialética hegeliana e todas aquelas, penso eu, que a seguiram devem ser compreendidas como a colonização e a pacificação autoritária, pela filosofia e pelo direito, de um discurso histórico-político que foi ao mesmo tempo uma constatação, uma proclamação e uma prática da guerra social. [...] A dialética é a pacificação, pela ordem filosófica e talvez pela ordem política, desse discurso amargo e partidário da guerra

A luta que o autor contemplava era a da pluralidade. Várias lutas pontuais e resistências locais, todas instáveis e imprevisíveis. O cenário era de guerra, mas que não se reduzia a uma função única ou a uma propriedade exclusiva do poder. O poder se exerce em todos os cantos e, além disso, só existe quando produz efeitos em uma relação real.[227]

Via que a contradição não pode ser o "princípio de intelegibilidade" da luta política. Enfim, para refutar a ideia do poder como "contrato", modelo liberal, não precisava cair no paradigma da "contradição", modelo dialético. Foucault defendia ser mais adequado pensar o poder enquanto *estratégia*.[228]

A existência de um cenário de disputas não precisa ser reduzido a uma "contradição lógica". As análises do poder que incluem a rede micro desvendam a existência de muitos meandros no mapa social, logo, uma análise macro centrada na mera oposição acaba sendo insuficiente.[229]

---

fundamental." Cf.: FOUCAULT, Michel. Em Defesa da Sociedade: curso no Collège de France (1975-1976). 2. ed. São Paulo: WMF Martins Fontes, 2010. p. 49-50.

[227] "Não é o grande enfrentamento binário, a forma intensa e violenta que as lutas assumem em certos momentos, mas somente em certos momentos, da história: os enfrentamentos codificados na forma da 'revolução'. É antes, no campo do poder, um conjunto de lutas pontuais e disseminadas, uma multiplicidade de resistências locais, imprevisíveis, heterogêneas que o fato maciço da dominação e a lógica binária da guerra não conseguem apreender." Cf.: FONTANA, Alessandro; BERTANI, Mauro. Situação do curso. In: FOUCAULT, Michel. Em defesa da sociedade: curso no Collège de France (1975-1976). Tradução de Maria Ermantina Galvão. 2. ed. São Paulo: WMF Martins Fontes, 2010. p. 242.

[228] "Mas o problema é saber se a lógica da contradição pode servir de princípio de inteligibilidade e de regra de ação na luta política. Toca-se, aqui, em uma questão histórica considerável: como aconteceu que, a partir do século XIX, se tendesse tão constantemente a dissolver os problemas específicos da luta e de sua estratégia na lógica pobre da contradição? Há, para isso, toda uma série de razões que se deveria tentar analisar um dia. Em todo caso, é preciso pensar a luta, suas formas, seus objetivos, seus meios, seus processos, segundo uma lógica que será liberada de coações esterilizantes da dialética. Para pensar o laço social, o pensamento político 'burguês' do século XVIII se deu a forma jurídica do contrato. Para pensar a luta, o pensamento "revolucionário" do século XIX se deu a forma lógica da contradição: esta não vale mais do que a outra. Em contrapartida, os grandes Estados do século XIX se deram um pensamento estratégico, enquanto as lutas revolucionárias só pensaram sua estratégia de um modo muito conjuntural, e tentando sempre inscrevê-lo no horizonte da contradição." Cf.: FOUCAULT, Michel. *Estratégia, saber-poder*. Tradução de Vera Lucia Avellar Ribeiro. 2. ed. Rio de Janeiro: Forense Universitária, 2006. (Ditos e escritos IV). p. 250.

[229] "Você pode pensar que é moralmente indefensável, que você não pode suportá-lo, que é preciso lutar contra isso, sim, claro. Mas não é uma contradição, uma

Apesar de não confiar no binarismo dialético, o autor propunha que só se poderia compreender esses efeitos centralizados por meio dos múltiplos dispositivos de saber-poder, que operam uma guerra complexa no seio social. Por acreditar nessa guerra multilateral que a ciência política teimava em não ver, encerra o livro *Vigiar e punir* rogando para que as pessoas possam "ouvir o ronco surdo da batalha."[230]

Contudo, aderir ao cenário de guerra o mantinha de certa forma devoto à feição do poder como enfrentamento. Foucault diz no curso de 1976 que já *desconfiava* há um bom tempo do modelo repressivo, todavia, de fato só encontrava a possibilidade de uma crítica ao contratualismo por meio do conceito de guerra civil.[231]

É apenas no curso de 1978 que Foucault executa seu distanciamento definitivo do modelo de guerra civil, nascendo assim um novo conceito para analisar o poder: "governamentalidade".[232] Não se trata de um giro completo da teoria, é apenas o registro de sua separação da leitura política como disputa.[233]

Durante o estudo das "artes de governar" que remontavam aos séculos XVI e XVIII, surge a ideia de que o poder deve ser entendido como

---

contradição lógica. E me parece que a lógica dialética é verdadeiramente muito pobre – de um uso fácil, mas verdadeiramente pobre – para quem almeja formular, em termos precisos, significações, descrições e análises de processos de poder." Cf.: FOUCAULT, Michel. *Estratégia, saber-poder*. Tradução de Vera Lucia Avellar Ribeiro. 2. ed. Rio de Janeiro: Forense Universitária, 2006. (Ditos e escritos IV). p. 261.

[230] "Nessa humanidade central e centralizada, efeito e instrumento de complexas relações de poder, corpos e forças submetidos por múltiplos dispositivos de 'encarceramento', objetos para discursos que são eles mesmos elementos dessa estratégia, temos que ouvir o ronco surdo da batalha." Cf.: FOUCAULT, Michel. *Vigiar e punir*. 28. ed. Petrópolis: Vozes, 2010. p. 291.

[231] FOUCAULT, Michel. *Em Defesa da Sociedade:* curso no Collège de France (1975-1976). 2. ed. São Paulo: WMF Martins Fontes, 2010. p. 17.

[232] A partir de 1979, Foucault utilizará as palavras "governamentalidade" e "governo" como sinônimas, a palavra "poder" entrará em desuso. A palavra de "governo" surge pela primeira vez no curso "Os Anormais". Cf.: SENELLART, Michel. Situação dos cursos. In: FOUCAULT, Michel. *Segurança, território, população*: curso dado no Collège de France (1977-1978). Tradução de Eduardo Brandão. São Paulo: Martins Fontes, 2008. p. 531-532.

[233] HARCOURT, Bernard; EWALD, François. Situação do curso. In: FOUCAULT, Michel. *Teorias e instituições penais:* curso no Collège de France (1971-1972). Tradução de Rosemary Costhek Abilio. São Paulo: WMF Martins Fontes, 2020. p. 244.

condução de condutas. Dessa forma, pode-se superar o estudo do poder centrado em disputas, para enfim compreender que os fluxos de poder são formas de agir sobre os atos de terceiros.[234]

Essa nova forma de estudar o poder é mais coerente com a proposta genealógica. Sendo o poder um exercício de condução, o fundamental não é quem o detém, e sim como ele funciona. Dentro da ideia de "governamentalidade", inclui-se tanto as formas de condução de condutas por meio de repressão quanto as formas por meio de sugestão e incitação.[235]

Isso permite a Foucault um conceito mais fluido e mais funcional à sua ideia de poder estratégico-positivo.[236] Livre das hipóteses de Hobbes e Marx, brota a "hipótese de Foucault" que vai além das problemáticas do consenso e da guerra. Sua problemática é sobre as condições de execução do governo[237] do outro, de como efetivamente se pode fazer com que outra pessoa aja da maneira desejada.[238]

A mera inversão da ideia de consenso soberano era insuficiente, não bastava "cortar a cabeça do rei".[239] Era preciso mostrar como se rela-

---

[234] FOUCAULT, Michel. *Segurança, território, população*: curso no Collège de France (1977-1978). Tradução de Eduardo Brandão. São Paulo: Martins Fontes, 2008. p. 118 e 309.

[235] AVELINO, Nildo. Governamentalidade e anarqueologia em Michel Foucault. *Revista Brasileira De Ciências Sociais*, v. 25, n. 74, p. 144, out. 2010. Disponível em: https://www.scielo.br/scielo.php?script=sci_arttext&pid=S0102-69092010000300009. Acesso em: 4 jun. 2020.

[236] "Aliviado do modelo da Guerra, Foucault vai poder repensar a questão do poder; será a problematização do 'governo' (da governamentalidade)." Cf.: HARCOURT, Bernard; EWALD, François. Situação do curso. In: FOUCAULT, Michel. *Teorias e instituições penais*: curso no Collège de France (1971-1972). Tradução de Rosemary Costhek Abilio. São Paulo: WMF Martins Fontes, 2020. p. 255.

[237] Talvez o uso costumeiro da palavra "governo" como sendo sinônimo de "Estado" seja uma demonstração de como o Estado-centrismo conseguiu se fixar no imaginário político.

[238] "A 'hipótese de Foucault' – como proponho chamá-la, em contraste com a hipótese de Nietzsche – é caracterizada por investigar as condições de um consenso ou os pré-requisitos da aceitação. Consequentemente, o conceito de governamentalidade representa uma movimentação teórica para além da problemática do consenso e da vontade, de um lado, e da conquista e da guerra, de outro." Cf.: LEMKE, Thomas. Foucault, governamentalidade e crítica. *Plural: Revista do Programa de PósGraduação em Sociologia da USP*, São Paulo, v. 24, n. 1, p. 197, 2017.

[239] "No fundo, apesar das diferenças de época e objetivos, a representação do poder permaneceu marcada pela monarquia. No pensamento e na análise política

cionam em rede os pequenos poderes, nível micro, que formam efeitos de maior alcance, nível macro. Para tanto, era melhor usar uma chave conceitual que não restringisse o poder a um jogo de contenção, enfim, era preferível abrir o conceito de poder.[240]

O texto onde essa ideia fica mais clara é intitulado de *O sujeito e poder*, é nele que Foucault desenvolve melhor alguns pontos centrais. A concepção de um poder em circularidade entre micro e macro é sua forma mais complexa, fugindo das simplificações globais.[241]

O poder é uma indução no campo de ação do outro, não exclusivamente por aliança ou por luta. É um conceito mais abrangente, facilita entender como as sujeições podem ser muito mais sutis, pois se articulam mediante racionalidades que atuam na forma de ver o mundo e na forma de ver a si mesmo.[242]

---

ainda não cortaram a cabeça do rei. Daí a importância que ainda se dá, na teoria do poder, ao problema do direito e da violência, da lei e da ilegalidade, da vontade e da liberdade e, sobretudo, do Estado e da soberania (mesmo se esta é refletida, não mais na pessoa do soberano, mas num ser coletivo). Pensar o poder a partir destes problemas é pensá-los a partir de uma forma histórica bem particular às nossas sociedades: a monarquia jurídica." Cf.: FOUCAULT, Michel. *História da sexualidade 1*: a vontade de saber. 21. ed. Rio de Janeiro: Graal, 2011. p. 99.

240 "Mas ao rejeitar o modelo jurídico e adotar a visão oposta, Foucault inverteu-a. Ao invés de cortar a cabeça do rei, ele simplesmente virou de cabeça pra baixo a concepção que ele criticava, ao substituir lei e contrato por guerra e conquista. Em outras palavras, o 'degolar' só poderia ser o primeiro passo. Depois disso, é necessário lidar com a seguinte questão: 'como é possível que esse corpo sem cabeça frequentemente se comporte como se ele de fato tivesse uma cabeça?'" Cf.: LEMKE, Thomas. Foucault, governamentalidade e crítica. *Plural: Revista do Programa de PósGraduação em Sociologia da USP*, São Paulo, v. 24, n. 1, p. 197, 2017.

241 "Eu sei que objeções podem ser feitas. Podem dizer que todos os tipos de sujeição são fenômenos derivados, que são meras consequências de outros processos econômicos e sociais: forças de produção, luta de classe e estruturas ideológicas que determinam a forma de subjetividade. Sem dúvida, os mecanismos de sujeição não podem ser estudados fora de sua relação com os mecanismos de exploração e dominação. Porém, não constituem apenas o 'terminal' de mecanismos mais fundamentais. Eles mantêm relações complexas e circulares com outras formas." Cf.: FOUCAULT, Michel. O sujeito e o poder. *In*: DREYFUS, Hubert; RABINOW, Paul (Org.). *Michel Foucault, uma trajetória filosófica*: para além do estruturalismo e da hermenêutica. Tradução de Vera Porto Carrero. Rio de Janeiro: Universitária, 1995. p. 236.

242 "Governar, neste sentido, é estruturar o eventual campo de ação dos outros. O modo de relação próprio ao poder não deveria, portanto, ser buscado do lado da violência ou da luta, nem do lado do contrato e da aliança voluntária (que não

É no campo das probabilidades que o poder atua, ele é uma maneira de condução do outro. Sendo inegável a existência de muitas formas de se conduzir a ação alheia, tais como a sugestão e o diálogo, é muito pouco querer compreender o poder como "afrontamento entre dois adversários."[243]

Nesse "encadeamento recíproco" entre as partes, as forças se concretizam. Ninguém é apenas dominante ou apenas dominado, mais do que isso, o poder performa por dentro dos indivíduos e se normaliza. A condução se efetua por diversas maneiras e a imposição violenta não é a regra geral.[244]

Mais do que isso, o conceito de governamentalidade auxilia Foucault a compatibilizar o exercício do poder com a liberdade de agir, fazendo com que fique mais evidente sua discordância com um certo determinismo presente no pensamento crítico fundacional.

Poder é *ação sobre a ação*, não é pura violência nem controle total. A condução da conduta alheia nunca é completamente monopolizadora, ela depende de passar pela pessoa conduzida da maneira não mecânica, o sujeito sobre o qual se exerce poder nunca está em uma posição de total passividade.[245]

---

podem ser mais do que instrumentos); porém do lado deste modo de ação singular – nem guerreiro nem jurídico – que é o governo." Cf.: FOUCAULT, Michel. O sujeito e o poder. *In:* DREYFUS, Hubert; RABINOW, Paul (Org.). *Michel Foucault, uma trajetória filosófica*: para além do estruturalismo e da hermenêutica. Tradução de Vera Porto Carrero. Rio de Janeiro: Universitária, 1995. p. 244.

243 "O exercício do poder consiste em 'conduzir condutas' e em ordenar a probabilidade. O poder, no fundo, é menos da ordem do afrontamento entre dois adversários, ou do vínculo de um com relação ao outro, do que da ordem do 'governo'." Cf.: FOUCAULT, Michel. O sujeito e o poder. *In:* DREYFUS, Hubert; RABINOW, Paul (Org.). *Michel Foucault, uma trajetória filosófica*: para além do estruturalismo e da hermenêutica. Tradução de Vera Porto Carrero. Rio de Janeiro: Universitária, 1995. p. 244.

244 "Mas o que faz da dominação de um grupo, de uma casta ou de uma classe, e das resistências ou das reviravoltas com as quais ela se choca, um fenômeno central na história das sociedades é que elas se manifestam, sob uma forma global e maciça, na escala do corpo social completo, o disparo das relações de poder sobre as relações estratégicas e seus efeitos de encadeamento recíproco." Cf.: FOUCAULT, Michel. O sujeito e o poder. *In:* DREYFUS, Hubert; RABINOW, Paul (Org.). *Michel Foucault, uma trajetória filosófica*: para além do estruturalismo e da hermenêutica. Tradução de Vera Porto Carrero. Rio de Janeiro: Universitária, 1995. p. 249.

245 "De fato, aquilo que define uma relação de poder é um modo de ação que não age direta e imediatamente sobre os outros, mas que age sobre sua própria ação. Uma ação sobre a ação, sobre ações eventuais, ou atuais, futuras ou presentes. Uma relação de violência age sobre um corpo, sobre as coisas; ela força, ela submete, ela

O governo funciona justamente porque a "outra pessoa" tem sempre mais de uma possibilidade de agir, por isso as técnicas de poder são consideradas tão importantes. Perante uma ação que intenta conduzir, há um sujeito sobre o qual uma racionalidade deve funcionar, entretanto, esse efeito nunca é totalmente certo e seguro.

Uma visão determinista do poder apagava a possibilidade de se compreender a resistência. Precisa-se reconhecer um espaço de liberdade no agir para que a resistência faça sentido, espaço esse que possibilita toda a preocupação com as formas políticas. Enfim, se não houvesse liberdade perante o poder, de onde viria a vontade e a possibilidade de resistir?

Vale frisar: "o poder só se exerce sobre sujeitos livres". O poder age exatamente por haver um campo de possibilidades, é pelo mesmo motivo que o poder se modifica. Sem essa liberdade, não se poderia compreender as mudanças ao longo da história política.[246]

Existindo um comando, o sujeito adere ou não, diante de uma série de efeitos possíveis. Há obviamente muitas questões que envolvem esse jogo, um entrelaçamento complexo de veridicções e subjetivações, de maneiras distintas. Porém, da mesma forma que o comando nunca é certo de seu sucesso, a resistência também não necessariamente acontece.[247]

---

quebra, ela destrói; ela fecha todas as possibilidades; não tem, portanto, junto de si, outro polo senão aquele da passividade; e, se encontra uma resistência, a única escolha é tentar reduzi-la. Uma relação de poder, ao contrário, se articula sobre dois elementos que lhe são indispensáveis por ser exatamente uma relação de poder: que 'o outro' (aquele sobre o qual ela se exerce) seja inteiramente reconhecido e mantido até o fim como o sujeito de ação; e que se abra, diante da relação de poder, todo um campo de respostas, reações, efeitos, invenções possíveis." Cf.: FOUCAULT, Michel. O sujeito e o poder. In: DREYFUS, Hubert; RABINOW, Paul (Org.). *Michel Foucault, uma trajetória filosófica*: para além do estruturalismo e da hermenêutica. Tradução de Vera Porto Carrero. Rio de Janeiro: Universitária, 1995. p. 243.

246 "Quando definimos o exercício do poder como um modo de ação sobre as ações dos outros, quando as caracterizamos pelo 'governo' dos homens, uns pelos outros – no sentido mais extenso da palavra, incluímos um elemento importante: a liberdade. O poder só se exerce sobre 'sujeitos livres', enquanto 'livres' – entendendo-se por isso sujeitos individuais ou coletivos que têm diante de si um campo de possibilidades onde diversas condutas, diversas reações e diversos modos de comportamento podem acontecer." Cf.: FOUCAULT, Michel. O sujeito e o poder. *In:* DREYFUS, Hubert; RABINOW, Paul (Org.). *Michel Foucault, uma trajetória filosófica*: para além do estruturalismo e da hermenêutica. Tradução de Vera Porto Carrero. Rio de Janeiro: Universitária, 1995. p. 244.

247 Vale notar aqui uma diferença que se dá no pensamento do autor. No livro A Vontade de Saber, a resistência é vista como sempre presente na relação de poder,

A liberdade de agir é fundamental para reconhecer que o poder nunca é exaustivo. Não sendo puramente material, o poder demanda que uma certa racionalidade atue por meio do indivíduo que se quer conduzir. O pensamento não pode ser jogado e tomado como se fosse um objeto, ele atua sempre em uma zona de liberdade interior, ainda que o preço de resistir seja caro.[248]

Se não houvesse possibilidade de resistência, não haveria poder. Esse conceito mais abrangente de poder escapa a qualquer positivismo, dispensando qualquer essência, e permite que se compreenda a onipresença do poder. Todavia, a existência de poder por todos os cantos não é a contradição da liberdade, é propriamente sua afirmação: "se há relações de poder em todo o campo social, é porque há liberdade por todo lado."[249]

pois ele ainda utilizava uma ideia de poder vinculada à guerra. Não há guerra sem lados que resistem reciprocamente. Cf.: FOUCAULT, Michel. *História da sexualidade 1*: a vontade de saber. 21. ed. Rio de Janeiro: Graal, 2011. p. 105.

248 "O poder não é uma substância. Tampouco é alguma propriedade misteriosa cuja origem deve ser perquirida. O poder é simplesmente um certo tipo de relação entre os indivíduos. Trata-se de relações específicas, ou seja, que nada têm a ver com troca, produção, comunicação, embora estejam ligadas a estas últimas. O traço característico do poder é que certos homens podem, mais ou menos, determinar por completo a conduta de outros homens — mas nunca de maneira exaustiva ou coercitiva. Um homem acorrentado e espancado é submetido à força que exercem sobre ele. Mas não ao poder. Mas se ele pode ser induzido a falar, embora seu último recurso pudesse ter sido calar-se, preferindo a morte, isso significa que ele foi levado a comportar-se de uma certa maneira. Sua liberdade foi submetida ao poder. Ele foi dominado pelo governo. Se um indivíduo pode permanecer livre, por menor que seja sua liberdade, o poder pode submetê-lo ao governo. Não existe poder sem oposição ou revolta em potencial." Cf.: FOUCAULT, Michel. *Estratégia, saber-poder* . Tradução de Vera Lucia Avellar Ribeiro. 2. ed. Rio de. Janeiro: Forense Universitária, 2006. (Ditos e escritos IV). p. 374.

249 "Quero dizer que, nas relações humanas, quaisquer que sejam elas – quer se trate de comunicar verbalmente, como o fazemos agora, ou se trate de relações amorosas, institucionais ou econômicas -, o poder está sempre presente; quero dizer, a relação em que cada um procura dirigir a conduta do outro. São, portanto, relações que se podem encontrar em diferentes níveis, sob diferentes formas; essas relações de poder são móveis, ou seja, podem se modificar, não são dadas de uma vez por todas. [...] Isso significa que, nas relações de poder, há necessariamente possibilidade de resistência, pois se não houvesse possibilidade de resistência – de resistência violenta, de fuga, de subterfúgios, de estratégias que invertam a situação -, não haveria de forma alguma relações de poder. Sendo esta a forma geral, recuso-me a responder à questão que às vezes me propõem: 'ora, se o poder está por todo lado, então não há liberdade'. Respondo: se há relações de poder em todo o campo social, é porque há liberdade por todo lado." Cf.: FOUCAULT, Michel. *Ética,*

Pensar todas as relações como poder também não é propor uma marca única do poder, há muitas formas de condução da ação alheia, com várias técnicas e vários discursos. A onipresença não é uma tentativa de unificação do poder, ela é uma visão elástica do poder que foge das objetificações, para que se possa ver como as pessoas estão sempre sendo influenciadas pelas outras e que isso é parte essencial do horizonte político. A diferença não está na existência ou não do poder, ela está nos tipos de poder.

Considerando que se trata de um "governo pela verdade",[250] a condução de condutas depende de um compartilhamento de veridicções. É na adesão a uma veridicção que se exerce poder, contudo, essas verdades criadas podem ser sempre invalidadas, transformadas.[251]

Aqui a resistência também não pode ficar limitada ao modelo de embate com a "estrutura". Sendo o poder aquilo que atua por dentro e por fora do indivíduo, há de se destacar como as governamentalidades promovem racionalizações conectadas com subjetivações e, nesse âmbito interno, há igualmente a possibilidade de mudança.[252]

Isso não significa, como alguns parecem ter entendido, que a resistência decorre exclusivamente da subjetivação. A ética é um tipo de racionalização importante, todavia, ela não tem precedência sobre as demais, não é mais importante que as outras. A reciprocidade dos três eixos foucaultianos significa a inexistência de uma origem do poder e da verdade, coerente com a proposta de sempre historicizar a análise.[253]

---

sexualidade, política. Tradução de Elisa Monteiro e Inês Autran Dourado Barbosa. Rio de Janeiro: Forense Universitária, 2004. (Ditos e Escritos V). p. 276.

250 FOUCAULT, Michel. *Do governo dos vivos:* curso no Collège de France (1979-1980). Tradução de Eduardo Brandão. São Paulo: WMF Martins Fontes, 2014. p. 12.

251 BIRMAN, Joel. *Jogando com a verdade*: uma leitura de Foucault. *PHYSIS. Rev. Saúde Coletiva*, Rio de Janeiro, v. 12, n. 2, p. 308, 2002.

252 "Não é, portanto, que os estudos de governamentalidade negligenciem a resistência a programas de governo ou a técnicas de modulação de conduta; o que eles recusam é a ideia de resistência derivada da forma analítica de sujeito versus estrutura que obcecou tanto a teoria social contemporânea. Afinal, se a liberdade não deve ser definida como a ausência de restrições, mas como um conjunto bastante diversificado de tecnologias inventadas do eu, esse modelo binário não tem sentido." Cf.: ROSE, Nikolas; O'MALLEY, Pat; VALVERDE, Mariana. Governmentality. *Annual Review of Law and Social Science*, v. 2, n. 1, p. 100, 2006.

253 "Não acredito que o único ponto de resistência possível ao poder político – entendido justamente como estado de dominação – esteja na relação de si consigo

A construção de novos enredos políticos depende dessa capacidade de pensar o poder como um jogo estratégico e refinado, percebendo os espaços de liberdade para uma atuação que se infiltre no micro de maneira inteligente. Os enredos macro só foram constituídos a partir dessa atuação "granular", portanto, as resistências devem saber agir em todos os níveis.[254]

Uma teoria crítica para a atualidade precisa ter um saber estratégico, entender esses pequenos mecanismos do poder e como eles se conectam, para então oferecer rotas de fuga. A proposta de agir na microfísica não pode vir por meio de mais uma linguagem global ou um grande projeto de poder planificado, as mudanças substanciais só se concretizam quando atuam nas normalizações quotidianas.[255]

Sem identificar os pontos de apoio que sustentam os regimes políticos e suas racionalidades (veridicções e subjetivações), muito pouco

---

mesmo. Digo que a governabilidade implica a relação de si consigo mesmo, o que significa justamente que, nessa noção de governabilidade, viso ao conjunto das práticas pelas quais é possível constituir, definir, organizar, instrumentalizar as estratégias que os indivíduos, em sua liberdade, podem ter uns em relação aos outros. São indivíduos livres que tentam controlar, determinar, delimitar a liberdade dos outros e, para fazê-lo, dispõem de certos instrumentos para governar os outros. Isso se fundamenta então na liberdade, na relação de si consigo mesmo e na relação com o outro. Ao passo que, se você tenta analisar o poder não a partir da liberdade, das estratégias e da governabilidade, mas a partir da instituição política, só poderá encarar o sujeito como sujeito de direito. Temos um sujeito que era dotado de direitos ou que não o era e que, pela instituição da sociedade política, recebeu ou perdeu direitos: através disso, somos remetidos a uma concepção jurídica do sujeito. Em contrapartida, a noção de governabilidade permite, acredito, fazer valer a liberdade do sujeito e a relação com os outros, ou seja, o que constitui a própria matéria da ética." Cf.: FOUCAULT, Michel. *Ética, sexualidade, política*. Tradução de Elisa Monteiro e Inês Autran Dourado Barbosa. Rio de Janeiro: Forense Universitária, 2004. (Ditos e Escritos V).p. 286.

254 "Para resistir, é preciso que a resistência seja como o poder. Tão inventiva, tão móvel, tão produtiva quanto ele. Que, como ele, venha de 'baixo' e se distribua estrategicamente." Cf.: FOUCAULT, Michel. *Microfísica do poder*. 26. ed. Rio de Janeiro: Edições Graal, 2008. p. 241.

255 "Parece-me que toda essa intimidação pelo medo da reforma está ligada à insuficiência de uma análise estratégica própria à luta política - à luta no campo do poder político. O papel da teoria, hoje, parece-me ser justamente este: não formular a sistemática global que repõe tudo no lugar, mas analisar a especificidade dos mecanismos de poder, balizar as ligações, as extensões, edificar pouco a pouco um saber estratégico." Cf.: FOUCAULT, Michel. *Estratégia, saber-poder*. Tradução de Vera Lucia Avellar Ribeiro. 2. ed. Rio de. Janeiro: Forense Universitária, 2006. (Ditos e escritos IV). p. 251.

se pode fazer. Se a diferença econômica movimenta poderes nas sociedades modernas, é porque se inseriu nos jogos da verdade e nas múltiplas relações sociais. A existência de classes não decorre de uma pura acumulação material, a própria acumulação material só foi possível por meio de jogos mentais que se estabeleceram.[256]

Pode-se afirmar que o poder "funciona" pelas racionalizações e se "normaliza" pela microfísica. Ou seja, a condução de condutas demanda passar pela mente e, além disso, essa passagem só produz efeitos de maior escala e menor instabilidade quando se encontra em grande compartilhamento entre as pessoas. A fabricação de uma teia de racionalidades nas relações favorece surgir uma aparência de objetividade, essa aparência é fundamental para promover efeitos de larga expansão, macro.

Sendo assim, um novo pensamento de vanguarda precisa promover novas inteligências políticas e propor um novo tecido relacional. Para tanto, exige-se uma criatividade inovadora que fuja de todas as formas de universalismo, por isso a filosofia de Foucault permite tantos avanços.

Eis como se pode traçar o que parecem ser os pontos mais úteis do percurso teórico de Foucault sobre a política. Compreender como o poder opera por racionalidades e por microfísicas, eis o que representa um legado excepcional para inovar a Filosofia Crítica. É certo que essa nova epistemologia pode ser útil em vários campos, veja-se a seguir uma de suas possíveis aplicações.

---

[256] "Provavelmente, é insuficiente dizer que por trás dos governos, por trás do aparato do estado, existe a classe dominante; é preciso localizar o ponto de atividade, os lugares e as formas em que sua dominação é exercida. E porque essa dominação não é simplesmente a expressão em termos políticos de exploração econômica, ela é o seu instrumento e, em grande medida, a condição que o torna possível; a supressão de um é alcançada através do discernimento exaustivo do outro. Bem, se se falha em reconhecer esses pontos de apoio do poder de classe, permite-se que eles continuem a existir; e assim ver esse poder de classe se reconstituir mesmo depois de um aparente processo revolucionário." Cf.: FOUCAULT, Michel; CHOMSKY, Noam. *The Chomsky-Foucault Debate on human nature*. Nova York: The New Press, 2006. p. 41.

2. CRIMINOLOGIA FOUCAULTIANA

> *Assim são as relações de força. Se as relações de força fossem um soco na boca, o mundo seria tão claro... (risos) Mas não é assim, para nada.*[257]
>
> Gilles Deleuze, *El poder: curso sobre Foucault II*

Se o método de Foucault pressupunha pesquisar os poderes sem apelo a qualquer conceito universal, utilizar a expressão *criminologia foucaultiana* pareceria permanecer no mesmo problema. Enfim, até que ponto fazer *Criminologia* já não significa aderir a uma essencialização do crime e da pena?

Conforme anunciado inicialmente, a proposta da presente obra é apontar como a metodologia política do autor pode permitir novos apontamentos para uma criminologia teórica de viés crítico. Isso pressupõe duas delimitações: 1) foco no método; 2) foco no campo crítico.

Assim sendo, a meta aqui não será fornecer uma analítica da Justiça Penal, não se trata de uma pesquisa genealógica como o autor realizou em *Vigiar e punir*, não se fará uma descrição histórica concretamente. O que anima o presente livro é entender como as inovações foucaultianas sobre a interpretação do poder permitem novas perspectivas filosóficas na criminologia. É uma questão de método.

Além disso, o recorte aqui é dedicado a repensar o cenário crítico[258], não sendo voltado para demonstrar todos os problemas das criminologias positivistas que dão suporte à prática penal. Quer-se sugerir como o olhar foucaultiano pode ajudar na resistência à justiça criminal.

Conforme foi narrado no capítulo anterior, Foucault pode ser considerado o mais destacado representante do chamado movimento *contrafundacional* do pensamento crítico. Sendo que maio de 1968 signifi-

---

[257] No original: "Eso son las relaciones de fuerzas. Si las relaciones de fuerzas fueran un puñetazo en la boca, el mundo sería tan claro... [risas] Pero no es así, para nada. DELEUZE, Gilles. *El poder: curso sobre Foucault II*. Ciudad autónoma de Buenos Aires: Cactus, 2014. p. 43. (tradução minha)

[258] AMARAL, Augusto Jobim. *Política da Criminologia*. São Paulo: Tirant lo Blanch, 2020. p. 14-17.

cou mudanças teóricas discordantes com certas premissas de Marx, é a vez agora de compreender como uma adesão a Foucault pode promover uma renovação da criminologia de viés crítico.

A meta é apresentar alguns apontamentos para constituir o que seria a melhor face de Foucault para pesquisas em criminologia. Traçar diretrizes essenciais para aqueles que querem produzir ciência criminológica a partir de Foucault, mostrar o suporte filosófico que o autor pode oferecer ao estudo crítico da Justiça Penal. Foucault como um marco teórico possível para a criminologia.

Deseja-se mostrar como esse aporte teórico pode ajudar a construir uma criminologia crítica para o século XXI, para a atualidade. Todavia, caso o capítulo anterior tenha sido bem compreendido, à essa altura o leitor já sabe que aderir ao método de Foucault significa estar nitidamente em desacordo com análises globais, eternas ou proféticas. As notas que se quer lançar são claramente apontamentos para auxiliar o investigador na aproximação de objetos pontuais, situados. É um método para fazer narrativa do presente, tomando como base a inexistência de uma história objetiva ou uma história teleológica linear.

Assumir o plano essencial de um olhar plenamente contrapositivista na criminologia deverá ser, sem dúvidas, a promoção de um método que não parte de nenhum universal sobre os elementos da Justiça Penal. Consequentemente, a ferramenta deve ser maleável aos contextos, sob pena de perder sua capacidade de leitura das mudanças e sua habilidade de ajudar na contestação.

Toda política é baseada em certas racionalidades, sejam essas racionalidades positivas ou não, conscientes ou não. Consequentemente, isso significa dizer que toda política criminal tem o pensamento criminológico que lhe dá suporte, cada política criminal só faz sentido diante de uma certa visão sobre suas bases conceituais, sobretudo o crime e a pena. Criminologia é a forma de enxergar a realidade da Justiça Penal, ou melhor, é a racionalidade inerente à construção da Justiça Penal.

É fato que há no mundo várias verdades distintas sobre o que se chama Justiça Penal, seria um erro querer igualar todas as experiências.[259] Contudo, é possível identificar uma linha básica que atravessa pelo menos o mundo ocidental, uma lógica compartilhada que serve de guia para essas práticas. Não se parte aqui de nenhuma metafísica

---

[259] CARVALHO, Thiago Fabres de. *Criminologia, (in)visibilidade, reconhecimento:* o controle penal da subcidadania no Brasil. Rio de Janeiro: Revan, 2014.

penal, o que possibilita pensar em um método capaz de auxiliar em vários contextos nacionais é justamente o fato deles dividirem entre si visões e práticas. Ao longo do tempo foi-se criando certas homogeneidades, as quais podem se romper a qualquer momento.

Logo, a partir de Foucault, não se pode pensar em uma criminologia que pretenda desvendar um novo objeto universal crime-pena. Análises um pouco mais qualificadas sobre a Justiça Penal devem ser adeptas do perspectivismo histórico, e isso significa não cair em descuidos de método como ocorreu de forma irônica com o grande Edwin Sutherland.

Sutherland, provavelmente o mais destacado criminólogo de seu tempo, tinha a pretensão de elaborar uma teoria geral do comportamento criminoso, esforço presente nas famosas edições de seu *Princípios de criminologia* ao longo das décadas de 1930-1940. Ocorre que, ao encarar com seriedade seus estudos, percebeu que os mesmos elementos que eram "causa" dos crimes eram também "causa" de condutas não criminosas. Ao fim, suas teses sobre o crime se tornaram teses sobre as condutas humanas em geral: sem perceber, o autor destruiu seu próprio objeto.[260]

Pelo menos, desde meados do século XX, pode-se dizer que a *criminologia da reação social* propõe a superação de todas as tentativas de explicação patológica da criminalidade. Em outras palavras, a partir de várias direções, está sendo apontada a impossibilidade de se considerar o crime como um ente objetivo, ontológico. O crime não tem característica em si mesmo, ele é normativo.

Não por outro motivo, Stanley Cohen apontou a necessidade de ser "contra criminologia". O autor notava o risco de se perpetuar a tradicional essencialização do objeto crime, indicando que manter a nomenclatura da pretensa ciência promoveria o perigo de alimentar a ilusão de uma teoria geral sobre a etiologia do crime.[261]

Mas não é só. Como bem se sabe, o nome criminologia também passou a incluir ao longo do século XX a pretensão de se elaborar uma teoria geral sobre a punição. Em franca disputa com as famosas *teorias da pena,*

---

[260] LEMOS, Clécio. Apresentação. In: SUTHERLAND, Edwin H. *Crime de colarinho branco:* versão sem cortes. Tradução de Clécio Lemos. Rio de Janeiro: Revan, 2015.

[261] "A mera existência de algo chamado criminologia perpetua a ilusão de que se pode ter uma teoria geral sobre a causação de crime. Nosso objeto, todavia, é artificial, no sentido de que os tipos de condutas que são criminosas são totalmente determinados pelo que uma particular sociedade eventualmente proíbe." Cf.: COHEN, Stanley. *Against Criminology.* Nova Jersey: Transaction Books, 1988. p. 46.

surge todo um campo de diagnósticos sobre as práticas punitivas, o objeto da criminologia se alarga para incluir o próprio agir do Estado.[262]

Ainda que de viés crítico, a criminologia passa a incorporar uma *penalogia*, com objetivo de desenvolver explicações gerais sobre os processos de criminalização. Em outras palavras, quando se imaginava ter superado as visões universalistas para o crime, dava-se nascimento às visões universalistas sobre a pena.

Sem dúvidas, assumir o contrapositivismo de Foucault é elaborar apontamentos teóricos que não caiam em nenhuma das duas ciladas, o binômio crime-pena deve ser completamente não essencializado. Daí porque o termo *criminologia foucaultiana* é acima de tudo uma provocação.[263]

Até onde se sabe, Foucault jamais disse fazer criminologia. Estava na raiz da visão foucaultiana sobre a questão criminal a necessidade de uma dispersão analítica, passar por fora do foco tradicional. Para entender o penal, era preciso olhar além, justamente porque suas práticas só poderiam ser entendidas em um quadro mais complexo. Partir dos mesmos objetos previamente demarcados seria comprar os mesmos pressupostos metodológicos, ou seja, não se pode tratar o crime e a pena como assuntos independentes no jogo do poder.[264]

Ao que parece, o que mantém a relevância de se tentar fazer criminologia a partir de Foucault é justamente "curto-circuitar" seus objetos. Levar crime-pena ao extremo para mostrar o absurdo que significa qualquer tentativa de objetificação, ao fim, mostrar uma metodologia que parta da compreensão de que seus objetos são uma junção entre as palavras e as coisas.[265]

---

[262] ZAFFARONI, Eugenio Raúl. *A palavra dos mortos:* conferências de criminologia cautelar. São Paulo: Saraiva, 2012. p. 188-189.

[263] "Para Foucault o termo 'criminologia crítica' é um oximoro." Cf.: VALVERDE, Mariana. *Michel Foucault.* Nova York: Routledge, 2017. p. 10.

[264] "Em nítido contraste com o mandato da criminologia, Foucault optou por destacar as características da penitenciária que também são encontradas fora de suas paredes. [...] Ao enfatizar a dispersão das técnicas inventadas nas prisões para a sociedade em geral, Foucault colocou em questão o pressuposto da criminologia de tratar o crime e o controle do crime como assuntos separados de investigação." Cf.: VALVERDE, Mariana. *Michel Foucault.* Nova York: Routledge, 2017. p. 12.

[265] "Mas, ao estudar a prisão pelo viés das disciplinas, tratava-se, aí também, de curto-circuitar, ou melhor, de passar para o exterior em relação a esse ponto de vista funcional e ressituar a prisão numa economia geral de poder. E com isso se percebe que a história real da prisão sem dúvida não é comandada pelos sucessos e fracassos da sua funcionalidade, mas que ela se inscreve na verdade em estratégias e táticas

De certa forma, a anarqueologia[266] foucaultiana remete o criminólogo ao mesmo trágico fim do alienista de Machado de Assis. Após tanto tempo apontando a pretensa loucura nos outros e mandando internar quase a cidade inteira, o psiquiatra acaba internando a si mesmo, como que reconhecendo que seu objeto não existia. Ao fim, decidiu buscar sua própria cura.[267]

É preciso que o criminólogo cure a si mesmo. Isso significa deixar cair a última esperança de se encontrar um saber penal independente do poder, realizar definitivamente a arqueologia criminológica para desnaturar o crime e a pena. Uma crítica foucaultiana deve remeter à abolição desses objetos universais.

Seguindo nos passos apresentados no capítulo anterior, a tarefa de elaborar uma criminologia foucaultiana pode ser facilitada se houver um foco nas racionalidades e nas microfísicas penais. Sendo o exercício de poder atual uma produção mental e em rede, esses devem ser os parâmetros para propor uma nova compreensão crítica da justiça criminal.

---

que se apoiam até mesmo nos próprios déficits funcionais." Cf.: FOUCAULT, Michel. *Segurança, território, população*: curso no Collège de France (1977-1978). Tradução de Eduardo Brandão. São Paulo: Martins Fontes, 2008. p. 158.

266 FOUCAULT, Michel. *Do governo dos vivos*: curso no Collège de France (1979-1980). Tradução de Eduardo Brandão. São Paulo: WMF Martins Fontes, 2014. p. 73.

267 "Era decisivo. Simão Bacamarte curvou a cabeça, juntamente alegre e triste, e ainda mais alegre do que triste. Ato contínuo, recolheu-se à Casa Verde. Em vão a mulher e os amigos lhe disseram que ficasse, que estava perfeitamente são e equilibrado: nem rogos nem sugestões nem lágrimas o detiveram um só instante." Cf.: ASSIS, Machado de. *O alienista*. Porto Alegre: L&PM, 2012. p. 87.

2.1. RACIONALIDADES PENAIS

> *A cerimônia dos suplícios públicos não é mais irracional em si que o encarceramento em uma cela.*
>
> Michel Foucault, *Ditos e escritos IV*

A criminologia é um saber-poder. Seja qual for sua base, ela nunca foi uma descrição objetiva da realidade, sempre foi uma produtora de realidades. Compreender o perspectivismo foucaultiano é desde sempre crer na coemergência entre mente e objeto exterior, significa desistir de querer desvendar uma natureza das relações humanas fora da relatividade da mente.

Sendo o exercício de poder uma relação entre pessoas, conduta sobre conduta, o fator mental é simplesmente crucial. Os discursos criminológicos são produtores da verdade penal, são constitutivos das práticas. Isso posto, só se pode entender a dinâmica da justiça criminal quando envolvemos a forma com que as pessoas enxergam o crime e a pena.

Isso significa, obviamente, não ficar preso a um aspecto acadêmico ou oficial dos discursos. Os discursos criminológicos aqui mencionados são os que conformam a visão das pessoas sobre o jogo penal, e isso não pode ficar limitado às ciências formais. Nem sempre as ciências refletem como as pessoas efetivamente estão interpretando o jogo, é preciso descer às racionalidades compartilhadas.

O que hoje se denomina criminologia *positivista* marca uma forma de método que acredita poder alcançar a objetividade do crime, ignorando seu caráter subjetivo intrínseco. Sua história remete ao século XIX, paralelamente seguindo o rumo de Comte a fim de desvendar a natureza da criminalidade. Física social do crime: antropologia criminal.

Os três nomes principais são Lombroso, Ferri e Garofalo. Porém, pode-se usar o mais famoso deles para servir de representante do que a escola italiana pretendia inaugurar, esse cientificismo que supostamente viria superar todas as crenças anteriores e instituir ciência na compreensão do crime.

Lombroso acreditava poder usar um método de estilo rígido para compreender as condutas criminosas. Suas citações mais famosas dão conta das tentativas de associação entre formas do corpo – crânio, queixo etc. – com tendências criminosas, todavia, o que parece mais importante para a história dos pensamentos criminológicos é sua tese de conexão entre a imoralidade do crime e o subdesenvolvimento do criminoso.

Segundo ele, quem comete um crime estaria expressando uma conduta involutiva, igualando-se a animais e plantas. Isso significa dizer que o crime é objetivo, há uma marca universal que o olhar científico seria capaz de identificar e escalonar, apontando uma relação direta e rígida entre desvio moral e natureza.[268]

Caberia à lei apenas confirmar essa imoralidade expressa na natureza e atribuir o devido controle, essa é a racionalidade. Há condições "histológicas" nos maus sentimentos, as condutas negativas se demonstram a partir de uma interpretação geral, fixa, que seria discernível de forma pura. Não há espaço para qualquer perspectivismo.[269]

O que aqui interessa não é apontar as falhas do positivismo criminológico, isso já foi feito à saciedade por muitos autores ao longo do século XX, quer-se trazer à tona uma marca que atravessa a forma de fazer ciência da modernidade. O problema dos pais positivistas não era simplesmente acreditar nas causas erradas dos crimes, o equívoco maior era pretender objetificar uma visão política sobre o crime e a pena.[270]

---

268 "Os velhos juristas falam de uma justiça divina e eterna – quase inerente à natureza; – se, em vez disso, examinarmos os fenômenos naturais, veremos que os atos considerados por nós os mais criminosos são os mais naturais, tão difundidos e frequentes em espécies animais e até em plantas, oferecendo-nos, como Rénan bem disse, 'a natureza o exemplo da insensibilidade mais implacável e da maior imoralidade'." Cf.: LOMBROSO, Cesare. *L'uomo delinquente*. 5. ed. Milano: Bompiani, 2013. p. 66.

269 "Eu cito esses fatos minuciosamente, onde você parece vislumbrar o primeiro alvorecer do crime, podendo suspeitar daqueles que não conhecem a dependência absoluta das condições histológicas da premeditação, da emboscada, da morte por ganância, e até certo ponto suspeitar daquela liberdade de eleição (exceto nos insetos pequenos demais, de substâncias não nitrogenadas) sobre a qual muitos, por engano, fantasiam a base da responsabilidade. Ainda mais clara surge a analogia quando se passa ao mundo zoológico." Cf.: LOMBROSO, Cesare. *L'uomo delinquente*. 5. ed. Milano: Bompiani, 2013. p. 68.

270 "Positivismo é reconhecido como a perspectiva dominante na pesquisa criminológica e seus princípios de racionalidade, empirismo, verdade universal e metodologia científica objetiva são recursos-chave da modernidade tal como advogada pelo iluminismo. O positivismo pode assumir que as impressões sensoriais são a única base do conhecimento, mas a teoria de Lombroso não é 'positivista' simplesmente porque adotou definições operacionais de atributos causais. A reivindicação de Lombroso de conhecimento válido não se baseou apenas no apelo a imediatas medições compreensíveis. Ela foi baseada em "verdades" ideológicas derivadas

Mas é fundamental também pesquisar até que ponto o próprio pensamento crítico na criminologia manteve certa forma positivista de compreender a realidade. Para tanto, o pensamento de Foucault é muito útil, apresentando inovações teóricas profundamente contrapositivistas.

As raízes do pensamento marxista sobre a criminologia parecem apontar para três autores da primeira metade do século XX, todos empenhados em jogar luz sobre a questão criminal com base no materialismo dialético de Marx. Cada qual em um aspecto diferente, foram eles que conformaram as bases até hoje presentes em larga parcela da criminologia crítica.[271]

É certo que Marx já havia defendido que o direito era um reflexo das relações de produção, ou seja, que a lei não passa de uma expressão mental controladora – "vontade de *sua* classe" – originada nas condições materiais de vida da burguesia. Enfim, já falava de um materialismo jurídico.[272]

Todavia, o soviético Pasukanis foi o primeiro a se destacar na formulação de uma obra específica sobre o socialismo no Direito. Seu estudo mais destacado, *A teoria geral do direito e o marxismo*, publicado em 1924, esforça-se na conexão entre a forma do Direito e o modelo de contrato burguês, apontando a existência de uma ideologia por trás das práticas penais.[273]

Seguindo a ótica de Marx, ele nega a possibilidade de contenção do Direito Penal por meio de teorias, defendendo que o único caminho para superar o Direito Penal moderno seria a abolição das relações econômicas

---

de estereótipos de raça-classe-gênero e dogma imperialista." Cf.: AGOZINO, Biko. *Counter-colonial Criminology*: a Critique of Imperialist Reason. Londres: Pluto Press, 2003. p. 92.

[271] ANITUA, Gabriel Ignacio. *Histórias dos pensamentos criminológicos*. Rio de Janeiro: Revan: Instituto Carioca de Criminologia, 2008. p. 615-619.

[272] "Suas ideias são produto das relações burguesas de produção e de propriedade, assim como o direito não é nada mais que a vontade de sua classe erigida em lei, uma vontade cujo conteúdo é determinado pelas condições materiais de vida de sua própria classe." Cf.: MARX, Karl; ENGELS, Friedrich. *Manifesto do partido comunista*. Tradução de Álvaro Pina. São Paulo: Boitempo Editorial, 2005. p. 50.

[273] PASUKANIS, Eugeny B. *A teoria geral do direito e o marxismo*. Rio de Janeiro, Renovar, 1989. p. 94

burguesas. É a continuação do materialismo, afirmando que as teorias jurídicas são apenas consequência da estrutura econômica imposta.[274]

Por sua vez, Bonger seria o grande destaque na tarefa de elaborar uma teoria materialista no campo da etiologia do crime, apresentando uma análise das causas dos delitos à luz do pensamento de Marx. Segundo aponta no livro de 1916, *Criminalidade e condições econômicas*, são os fatores econômicos que preponderam na causação prática delituosa.[275]

Para o autor, é a sociedade comunista que deve superar as causas da criminalidade, promovendo a união altruísta dos indivíduos. A revolução promoveria o bem geral acima das disputas típicas dos modelos anteriores, o fim do capitalismo selaria o fim dos crimes em meio à humanidade, dando por extintos os sentimentos de oposição que são criados pela estrutura social desigual.[276]

---

274 "Um representante notório da escola sociológica, van Hammel, declarou no congresso de criminalística de Hamburgo, em 1905, que os principais obstáculos que se apresentavam à criminologia moderna eram os tais conceitos de culpabilidade, de delito e de pena. Tão logo nos desvencilhemos destes conceitos, acrescenta, tudo irá melhorar. Podemos retrucar estas considerações, dizendo que as formas de consciência burguesa não se deixarão suprimir unicamente por uma crítica ideológica, pois constituem um todo com as relações materiais que exprimem. O único caminho para dissipar estas aparências tornadas realidade é o da abolição prática destas relações, a luta revolucionária do proletariado e a realização do socialismo." Cf.: PASUKANIS, Eugeny B. *A teoria geral do direito e o marxismo*. Rio de Janeiro, Renovar, 1989. p. 162.

275 "Com base no que foi dito antes, temos o direito de dizer que o papel desempenhado pelas condições econômicas na criminalidade é preponderante, mesmo decisivo. Esta conclusão é da maior importância para a prevenção do crime. Se fosse principalmente a consequência de qualidades humanas inatas (atavismo, por exemplo), a conclusão pessimista de que o crime é um fenômeno inseparavelmente ligado à vida social estaria bem fundamentada. Mas os fatos mostram que é antes a conclusão otimista que devemos tirar, que onde o crime é consequência das condições econômicas e sociais, podemos combatê-lo mudando essas condições." Cf.: BONGER, William Adrian. *Criminality and Economic Conditions*. Londres: William Heinemann, 1916. p. 669.

276 "Tal sociedade não apenas removerá as causas que agora tornam os homens egoístas, mas despertará, pelo contrário, um forte sentimento de altruísmo. Vimos que esse já era o caso dos povos primitivos, onde seus interesses econômicos não estavam em oposição. Em uma medida maior, isso será realizado sob um modo de produção em comum, sendo iguais os interesses de todos. Em uma sociedade assim, não pode haver crime propriamente dito." Cf.: BONGER, William Adrian. *Criminality and Economic Conditions*. Londres: William Heinemann, 1916. p. 671.

Em terceiro lugar, destaca-se Rusche com uma análise marxista das penas. Coautor do livro *Punição e estrutura social*, que ganharia maior destaque a partir da segunda edição publicada em 1969, faz uma análise histórica dos tipos de punição em compasso com os modos de produção apontados por Marx. Propõe uma teoria geral que vincula os sistemas penais e as forças econômicas.[277]

Ele entende que as penas podem ser sempre explicadas pelas bases produtivas de cada sociedade. Nesse prisma, por exemplo, sentencia que a pena de prisão é um produto direto do lucro demandado pelo capitalismo mercantil. Foi ele o primeiro a ganhar destaque no desenvolvimento de uma penalogia materialista.[278]

Em suma, o berço da criminologia marxista poderia ser indicado pela conjugação de Pasukanis, Bonger e Rusche. Fortemente influenciado por essa tríade, mas atualizado pelos conceitos advindos da Sociologia, um segundo movimento despontaria na outra metade do século XX.

Dois livros parecem ter sido os mais importantes, o primeiro deles foi *A nova criminologia*, publicado em 1973, traz uma teoria marxista que visa superar em definitivo a "ideologia" das teorias sociais contratualistas, teorias do consenso, apresentando uma nova teoria do conflito aplicada à questão penal. Preserva em seu cerne a análise marxista de estilo "estrutural", agora aplicada à criminologia.[279]

---

[277] "A transformação em sistemas penais não pode ser explicada somente pela mudança das demandas da luta contra o crime, embora esta luta faça parte do jogo. Todo sistema de produção tende a descobrir formas punitivas que correspondem às suas relações de produção. É, pois, necessário pesquisar a origem e a força dos sistemas penais, o uso e a rejeição de certas punições e a intensidade das práticas penais, uma vez que elas são determinadas por forças sociais, sobretudo pelas forças econômicas e, consequentemente, fiscais." Cf.: RUSCHE, George; KIRCHHEIMER, Otto. *Punição e estrutura social*. 2. ed. Rio de Janeiro: Revan, 2004. p. 20.

[278] "De todas as motivações da nova ênfase no encarceramento como método de punição, a mais importante era o lucro, tanto no sentido restrito de fazer produtiva a própria instituição quanto no sentido amplo de tornar todo o sistema penal parte do programa mercantilista do Estado." Cf.: RUSCHE, George; KIRCHHEIMER, Otto. *Punição e estrutura social*. 2. ed. Rio de Janeiro: Revan, 2004. p. 103.

[279] "A teoria deve ser capaz, em outras palavras, de colocar o ato em termos de suas origens estruturais mais amplas. Essas considerações 'estruturais' envolverão o reconhecimento das questões estruturais intermediárias que tradicionalmente têm sido o domínio da criminologia sociológica (por exemplo, áreas ecológicas, localização subcultural, distribuição de oportunidades de roubo), mas as colocariam no contexto social geral das desigualdades de poder, riqueza e autoridade na sociedade

De grande influência na tradição de língua inglesa, esse livro atualiza o ímpeto de elaborar uma "economia política" não apenas do crime, mas igualmente da reação social.[280] O tom materialista não se perde, ele apenas agrega essa premissa aos estudos que vinham avançando com as ciências sociais, sobretudo a partir da Escola de Chicago e da *Teoria do etiquetamento*.

Em suposto confronto com as análises de estilo positivista e correcionalista, a obra renova o projeto de uma teoria criminológica crítica centrada em Marx. Aposta mais uma vez em uma leitura segundo a qual a dinâmica criminal é fruto das desigualdades de riqueza, nas propriedades e chances de vida, taxando de limitados ou românticos aqueles que não fazem referência a essa causa primeira.[281]

O segundo livro viria surgir com destaque na tradição da Europa continental: *Criminologia crítica e crítica do Direito Penal*. Apresentando suas pesquisas, Baratta se põe a acumular as teorias sociológicas ditas de "médio alcance" com uma análise política marxista. Põe igualmente os conflitos de classe como ponto de origem que controlaria o enredo político estrutural, a partir da dialética.[282]

---

industrial desenvolvida. [...] As origens mais amplas do ato desviante só poderiam ser entendidas, argumentaríamos, em termos das contingências econômicas e políticas na rápida mudança da sociedade industrial avançada. Nesse nível, a demanda formal é realmente pelo que poderia ser chamado de economia política do crime." Cf.: TAYLOR, Ian; WALTON, Paul; YOUNG, Jock. *The New Criminology: for a Social Theory of Deviance*. Nova York: Harper & Row, 1974. p. 270

280 TAYLOR, Ian; WALTON, Paul; YOUNG, Jock. *The New Criminology*: for a Social Theory of Deviance. Nova York: Harper & Row, 1974. p. 270-274.

281 "Deve ficar claro que uma criminologia que não está normativamente comprometida com a abolição das desigualdades de riqueza e poder, e em particular com as desigualdades na propriedade e nas chances de vida, está inevitavelmente fadada a cair no correcionalismo. E todo correcionalismo está irredutivelmente fadado a identificar o desvio como patologia. Uma teoria social completa do desvio deve, por sua natureza, romper inteiramente com o correcionalismo (mesmo com a reforma social do estilo defendido pelos autores de Chicago, os mertonianos e a ala romântica da criminologia escandinávia) precisamente porque, como esse livro pretendeu mostrar, as causas do crime devem estar intimamente ligadas com a forma assumida pelos arranjos sociais de seu tempo." Cf.: TAYLOR, Ian; WALTON, Paul; YOUNG, Jock. *The New Criminology*: for a Social Theory of Deviance. Nova York: Harper & Row, 1974. p. 281-282.

282 "Essa teoria trabalha, além disso, sobre a base de uma análise dos conflitos de classe e das contradições específicas que caracterizam a estrutura econômico-social das relações de produção de determinada fase do desenvolvimento de uma forma-

O italiano compreende o sistema penal como mecanismo de "reprodução das relações sociais de produção". Dando por superadas todas as teorias patológicas do crime, supõe compreender a criminalização pela função precípua de resguardar as relações de produção e de "distribuição".[283]

Veja-se, a crítica operada nesses moldes não substitui o determinismo clássico por liberdade, ela apenas substitui os caracteres do determinismo. Mantem-se fiel a um positivismo sociológico, ditado pelas ditas "circunstâncias materiais" e camuflada por uma suposta "ideologia" burguesa.[284]

A teoria assim impressa visa se firmar pelo discernimento do nexo funcional entre a Justiça Penal e a "lei de desenvolvimento da formação econômica", de forma que a compreensão da realidade passaria pela correta leitura das condições estruturais do capitalismo. Consequentemente, a superação do modelo penal só poderia vir com uma fase avançada da sociedade socialista, marcada pela extinção do sistema de distribuição de riquezas regulado pela "lei do valor e quantidade de trabalho".[285]

À toda evidência, essa segunda onda da criminologia de viés crítico preserva traços fundamentais da teoria de Marx, acima de tudo daquilo que já foi apresentado anteriormente como *economismo*. Com uma nítida marca do materialismo dialético, cuja base é uma teoria do poder devota de um humanismo e um repressivismo, só consegue enxergar a formulação crítica a partir de um universalismo econômico aplicado à seara crime-pena.

Assim como Marx só formulava a refutação da teoria liberal por meio de uma leitura política centrada no trabalho e na riqueza, os mais des-

---

ção econômico-social." Cf.: BARATTA, Alessandro. *Criminologia crítica e crítica do direito penal*. 3. ed. Rio de Janeiro: Revan, 2002. p. 48.

283 BARATTA, Alessandro. *Criminologia crítica e crítica do direito penal*. 3. ed. Rio de Janeiro: Revan, 2002. p. 150-160.

284 "Não é que a nova semiologia meramente inverteu a imagem positivista substituindo determinismo por liberdade. Apenas algumas formas de determinismo foram atacadas; o determinismo sociológico permaneceu vivo e bem, tido como inquestionável o pano de fundo contra o qual todo o jogo estava sendo adotado. Este pano de fundo veio à tona agora com uma apresentação especificamente marxista. Ambos, o determinismo do positivismo psicológico e o suposto voluntarismo da nova teoria do desvio, foram banidos por um poderoso novo jogo de forças: circunstâncias materiais, a persuasão da ideologia burguesa, o potencial para a biografia ser ossificada pelo aparato de controle." Cf.: COHEN, Stanley. *Against Criminology*. Nova Jersey: Transaction Books, 1988. p. 128.

285 BARATTA, Alessandro. *Criminologia crítica e crítica do direito penal*. 3. ed. Rio de Janeiro: Revan, 2002. p. 164.

tacados nomes das duas ondas da criminologia crítica só conseguiram enxergar uma teoria refém do cenário econômico. Apesar de não ser esse o único ponto de suas teorias, ele é a racionalidade determinante que conduz os outros fatores.[286]

A despeito do inegável benefício de historicizar as relações jurídicas, as quais se formavam de maneira abstrata na linguagem moderna contratualista, essas teorias desembocaram em mais um historicismo, o universalismo econômico. Para negar que a pena vise o *bem geral*, acabavam por operar uma politização das penas objetificada na economia. Por isso, também no campo criminológico, a tradição crítica funciona por uma historicização parcial e um positivismo.

O economismo então se fixou como a verdadeira doxa da criminologia de viés crítico, e assim permanece até os dias atuais.[287] Não é demais dizer que se opera um evidente filtro dos pensamentos criminológicos a partir dessa veridicção, de forma que as teorias divergentes são rapidamente desqualificadas ou reduzidas a aportes meramente auxiliares.[288]

A metodologia de Foucault, por sua vez, cria um grande inconveniente para esse padrão de leitura criminológica. Ao se desgarrar do universalismo materialista, apontando que ali na constituição do que se analisa como "econômico" já está um saber-poder, permite historicizar plenamente a Justiça Penal em compasso com suas racionalidades. A partir da genealogia, só se pode historicizar as práticas penais em compasso com a historicização dos seus saberes criminológicos, considerando-os uma construção recíproca.

---

[286] No Brasil, os pioneiros na criminologia marxista foram Roberto Lyra Filho e Juarez Cirino dos Santos. Em ambos, pode-se verificar a mesma linha de pensamento baseada na ideia de contradição de classes, economismo e superestrutura penal. Cf.: LYRA FILHO, Roberto. *Criminologia dialética*. Rio de Janeiro: Borsoi, 1972; SANTOS, Juarez Cirino dos. *A criminologia radical*. 3. ed. Curitiba: ICPC: Lumen Juris, 2008. p. 125.

[287] Ver a crítica contundente presente no artigo de Alessandro de Giorgi. Cf.: DE GIORGI, Alessandro. Punishment, Marxism, and Political Economy. *Oxford Research Encyclopedia of Criminology*, p. 1-28, 2018. Disponível em: https://oxfordre.com/criminology/view/10.1093/acrefore/9780190264079.001.0001/acrefore-9780190264079-e-358. Acesso em: 4 jun. 2020.

[288] Interessante perceber que na atual fase da criminologia de viés crítico a veridicção pela economia permanece, ainda que por vezes independente de sua leitura transcendental em Marx. Exemplarmente, o próprio sucesso da tese de Wacquant sobre a penalidade neoliberal se deve a essa matriz no economismo.

Os discursos criminológicos não podem ser reduzidos a mera superestrutura ideológica, pura consequência de ordens econômicas, pois ali onde está a economia já se encontra seu jogo. Não há funcionamento de poder econômico sem racionalidade conectada, não há funcionamento de poder penal sem racionalidade correlata. Aprende-se com Foucault que saber não é consequência do poder, eles são mútuos, funcionam juntos.

Livre dessa amarração rígida entre economia e Justiça Penal, as punições não apenas deixam ser servas de um jogo prévio das relações de trabalho, também podem ser compreendidas como ferramentas que eventualmente atuam na própria constituição do jogo econômico. Mais do que isso, uma visão criminológica contrapositivista deve perceber que a Justiça Penal pode atuar no que se denomina "econômico" ou fora dele, pois não possui uma verdade universal, não segue uma funcionalidade rígida.

A Justiça Penal é produzida por racionalidades que não têm matriz necessariamente econômica, e ela igualmente é fonte promotora de racionalidades que não são econômicas. Seria demais limitador pensar dentro desse liame, basta lembrar de inúmeros crimes que não possuem direta referência a esse campo: crimes sexuais, crimes contra honra etc.

Mais do que isso, os discursos criminológicos não geram apenas reflexos nas práticas penais, do mesmo modo que as práticas penais promovem racionalidades que extrapolam o imaginário do crime-pena. Sendo o poder penal uma forma política de gestão diferencial de ilicitudes, deve ser compreendido como um veículo poroso, que pode funcionar com diferentes objetivos a depender do contexto histórico e das demandas dos grupos em atuação.

Por não compreender esse caráter volátil do poder, uma visão enrijecida da Justiça Penal no campo econômico inviabilizou que por muito tempo se pusesse em questão várias racionalidades que a normalizam. Cabe à teoria crítica expor não apenas a relação entre a Justiça Penal e o enredo econômico, ela deve seguir adiante para investigar quais lógicas e práticas criam a banalidade do modelo crime-pena.

Por julgar os discursos penais como meramente *ideologia burguesa* disfarçada, foi deixado de lado todo o debate em torno de como essas teorias se normalizam perante outros tantos discursos que circulam no seio social, assim como foram relegados os debates sobre como o poder penal reforça outras tantas racionalidades e práticas que exercem funções distintas na sociedade.

O foco no efeito econômico da Justiça Penal fez com que os principais movimentos de criminologia marxista do século XX limitasse a complexidade do estudo das etiologias dos desvios, isso porque viam a criminalização como puro veículo de poder da burguesia. Também, uma politização das penas restrita à economia tornou desinteressante o estudo sobre porque há pessoas praticando tantas formas distintas de desvio, além de menosprezar a investigação das formas alternativas de intervenção sobre o desvio.

Por enxergar a Justiça Penal somente como produto do capital, as teorias marxistas mencionadas se puseram a realçar as funções da justiça para a classe favorecida, esquecendo de pôr em questão o próprio modelo de crime-pena. Para essas teorias, o problema não era o modelo, mas o fato de que ele estaria sendo usado na direção errada.[289]

Partindo dessa visão restrita, foi fácil taxar os abolicionistas de "utópicos". Como todo regime de veridicção, a criminologia marxista criou seus critérios do que pode ser entendido como "científico", assim como um século antes o próprio Marx havia menosprezado os demais tipos de socialismo.[290]

Não por outra causa, os abolicionistas costumam ser descritos como meros "agitadores culturais"[291] e ficaram relegados a uma posição marginal no debate da criminologia de viés crítico. A lógica é simples: se é o modo de produção que condiciona o campo penal, a Justiça Penal não pode ser extinta enquanto não ocorrer a "revolução" econômica. Daí porque a pretensa radicalidade crítica acabou se tornando conservadora no debate penal, ela só acredita em um abolicionismo para o futuro.[292]

---

[289] LEMOS, Clécio. Sistema penal como instrumento proletário: a luta da criminologia radical e a legitimação inversa do sistema punitivo. *Revista da Faculdade de Direito UFMG*, Belo Horizonte, n. 63. p. 61-90, jul./dez. 2013.

[290] COHEN, Stanley. *Against Criminology*. Nova Jersey: Transaction Books, 1988. p. 28.

[291] ANITUA, Gabriel Ignacio. Fundamentos para la construcción de una teoría de la no pena. In: Maximiliano E. Postay (Org.). *El abolicionismo penal em América Latina: imaginación no punitiva y militância*. Ciudad Autónoma de Buenos Aires: Del Puerto, 2012. p. 7.

[292] Stanley Cohen indica cinco problemas da teoria marxista sobre criminalidade: 1) Contradição entre acreditar numa sociedade sem crime e ao mesmo tempo com diversidade; 2) Não é possível pensar numa sociedade sem controle social, pois toda sociedade implica a existência de regras; 3) Os casos concretos de sociedades ditas socialistas não indicou a concretização dos objetivos indicados; 4) Não explica porque uma sociedade sem crime precisaria de uma legalidade socialista; 5) Não

A visão genealógica de Foucault foi perfeitamente compatível com a perspectiva abolicionista, porque não reduzia o questionamento da Justiça Penal às suas funções de conjuntura. Ele teve um olhar amplo o suficiente para trazer à tona a história do "confisco do conflito" que representa o imaginário do crime, e igualmente para "desfuncionalizar" o imaginário da pena. Enfim, possibilitava uma crítica do conceito de crime e do conceito de pena em si.[293]

Foucault ajuda a historicizar plenamente as práticas e racionalidades penais, para além de qualquer humanismo ou transcendental do poder. Levantou a necessidade de se compreender o que normaliza a racionalidade crime-pena e o que esses conceitos ajudam a normalizar. Com isso, favorece uma visão profundamente crítica da Justiça Penal porque remete a esse campo das racionalidades e práticas que criam seu consentimento social. O desembaraçar do modelo penal demanda questionar sua base de sustentação que está compartilhada, é preciso desatar suas veridicções para rejeitar seus poderes.

É necessário ver o formato criminal como uma técnica de poder, no entanto, isso não significa desembocar em uma análise global que amarra suas funções. Melhor dizendo, as práticas penais devem ser inseridas em uma lente mais ampla, pois elas são flexíveis e se formam em conjunto com uma série do outras práticas sociais.[294]

Foucault quis investigar como a Justiça Penal se encaixa em uma teoria do Direito e em discursos de verdade – Sociologia, Psicologia,

---

está claro se o caso é esperar a revolução ou pensar uma política para o mundo atual. Cf.: COHEN, Stanley. *Against Criminology*. Nova Jersey: Transaction Books, 1988. p. 136.

293 LEMOS, Clécio. *Foucault e a Justiça pós-penal*: críticas e propostas abolicionistas. Belo Horizonte: Grupo Editorial Letramento, 2019.

294 "É escusado dizer que, para tornar inteligível a história da prática penal, é preciso situá-la num contexto mais amplo. Porém também é preciso refletir sobre esse contexto no qual vamos situá-la. Dizer que são a sociedade, os processos sociais e a questão das determinações econômicas: sim, talvez. Mas, por ser fácil demais, semelhante análise pode vir a ser estéril ou levar a análises globais à maneira de Kirchheimer (por que a punição por reclusão? Resposta: escravidão capitalista). Parece-me que pode ser interessante situar essas práticas penais, de início como centro de um primeiro círculo de inteligibilidade, nas técnicas de governo. Governo entendido em sentido lato: maneira de formar, transformar e dirigir a conduta dos indivíduos." Cf.: FOUCAULT, Michel. *Malfazer, dizer verdadeiro*: função da confissão em juízo: curso em Louvain, 1981. Tradução de Ivone Benedetti. São Paulo: WMF Martins Fontes, 2018. p. 13.

Psiquiatria – que ajudam constituir esse falso ar de naturalidade do crime.[295] Convocou a adentrar nas veridicções e subjetivações que estão ligadas com o campo penal, para que seja possível desnaturalizar seus conceitos. Mostrou como havia sempre uma tentativa de "dobrar" o ilícito em criminalidade e "dobrar" o autor em delinquente, apontando uma rota de fuga para desobjetificar esses conceitos.[296]

Não se pode contestar de fato a Justiça Penal caso se parta dos mesmos objetos, é preciso subverter o imaginário dos conceitos. O estudo do crime como mera ideologia de classe traz inerente a fala de que o crime possui uma verdade objetiva por detrás do discurso oficial, por isso permanece reificando o crime. Ao contrário de universalizar o crime em uma verdade rígida, a genealogia desmascara a inconfessável precariedade do conceito de crime, ela duvida do objeto. O crime não tem essência.[297]

---

[295] "Penso ainda na maneira como um conjunto tão prescritivo quanto o sistema penal procurou seus suportes ou sua justificação, primeiro, é certo, em uma teoria do direito, depois, a partir do século XIX, em um saber sociológico, psicológico, médico, psiquiátrico: como se a própria palavra da lei não pudesse mais ser autorizada, em nossa sociedade, senão por um discurso de verdade." Cf.: FOUCAULT, Michel. *A ordem do discurso:* aula inaugural no Collège de France. Tradução de Laura Fraga de Almeida Sampaio. 5. ed. São Paulo: Edições Loyola, 1999. p. 18.

[296] FOUCAULT, Michel. *Os anormais:* curso no Collège de France (1974-1975). Tradução de Eduardo Brandão. São Paulo: WMF Martins Fontes, 2010. p. 17.

[297] "Enquanto uma análise em termos de ideologia consistiria em se perguntar: dado o que é a loucura – posição universalista -, dado o que é a natureza humana, a essência do homem, o homem não alienado, a liberdade fundamental do homem – posição humanista -, indagar-se a partir dessas posições, universalista e humanista, a que motivos e a que condições obedece o sistema de representação que levou a uma prática do encerramento que sabemos quão alienante é, em que medida se deve reformá-la. É isso que teria constituído um estudo, digamos, de tipo ideológico. O estudo de tipo anarqueológico consistiu, em vez disso, em considerar a prática do encerramento em sua singularidade histórica, isto é, em sua contingência, em sua contingência no sentido de fragilidade, de não-necessidade essencial, o que não quer dizer evidentemente (muito pelo contrário!) que ela não tinha uma razão e que deve ser admitida como um fato bruto. A própria inteligibilidade da prática de encerramento implica que se possa compreender dentro de que tecido, a uma só vez perfeitamente inteligível mas perfeitamente frágil, essa prática do encerramento se instalou. Em outras palavras, tratava-se de não partir de nenhum universal." Cf.: FOUCAULT, Michel. *Do governo dos vivos:* curso no Collège de France (1979-1980). Tradução de Eduardo Brandão. São Paulo: WMF Martins Fontes, 2014. p. 73.

Nem todo crime é um ato socialmente danoso, nem todo crime é repudiado pela vítima, nem todo crime é socialmente rejeitado, nem todo crime é perseguido pelas autoridades estatais, nem todo crime tem expressão classista. Qualquer tentativa de fixá-lo em uma verdade transcendental está fadada a perecer.

Fugir do crime como objeto rígido era também mostrar que ele não deve ser elemento privilegiado do penal. A análise histórica das criminalizações permite ver como essa forma de governamentalidade decorre de outras demandas, constituída a partir verdades e éticas que circulam igualmente em outros campos.[298]

Além disso, quando Foucault se debruça sobre a história das punições sem ter que estar devedor de nenhuma leitura universal do poder, põe em questão como se constroem as racionalidades que conformam o campo de aceitabilidade das penas. Por isso a provocação de que os suplícios não são mais irracionais *em si* que o encarceramento.

Os discursos modulam a percepção. Afinal, mesmo diante das fartas narrativas do sofrimento que é a prisão, por que não se enxerga nela uma forma de pena cruel? As práticas punitivas encontram regimes de sustentação, segundo os quais as penas podem ser vistas como *racionais* e até *humanitárias*.[299]

Ao se interessar pela mudança de racionalidade que promove o desuso dos suplícios e a ascensão das prisões, Foucault começa a notar efetivamente o que faz com que a prisão adquira em tão pouco tempo um tom quase incontestável. Apesar de se instituir apenas no século

---

[298] "Pareceu-me que entre as práticas sociais em que a análise histórica permite localizar a emergência de novas formas de subjetividade, as práticas jurídicas, ou mais precisamente, as práticas judiciárias, estão entre as mais importantes." Cf.: FOUCAULT, Michel. *A verdade e as formas jurídicas*. 3. ed. Rio de Janeiro: NAU, 2002. p. 11.

[299] "A cerimônia dos suplícios públicos não é mais irracional em si que o encarceramento em uma cela; mas ela é irracional em relação a um tipo de prática penal que fez aparecer uma nova maneira de visar, através da pena, a certos efeitos, de calcular sua utilidade, de lhe encontrar justificações, de graduá-la etc. Digamos que não se trata de aferir práticas com a medida de uma racionalidade que as faria apreciar como formas mais ou menos perfeitas de racionalidade; mas, antes, de ver como formas de racionalização se inscrevem em práticas, ou sistemas de práticas, e que papel elas desempenham ali. Pois é verdade que não há 'práticas' sem um certo regime de racionalidade." Cf.: FOUCAULT, Michel. *Estratégia, saber-poder*. Tradução de Vera Lucia Avellar Ribeiro. 2. ed. Rio de. Janeiro: Forense Universitária, 2006. (Ditos e escritos IV). p. 342.

XVIII, a prisão tem uma "impressão de antiguidade"[300] justamente porque está normalizada na nova cultura.

A pena se fundamenta em moralidades e é produtora de moralidades, sua gestão tem esse caráter cíclico. Também para as punições não é viável uma leitura universalista, seu valor está mesmo em sua capacidade de governamentalidade dos indivíduos, que por sua vez se conecta com outras governamentalidades. Há governamentalidades em rede.[301]

Esse método facilita a percepção de que as funções das penas não são estáticas, elas contribuem para constituir o "sujeito obediente" a ordens, fazer funcionar um autoritarismo que é dinâmico, cujas ordens podem se modificar caso se constituam novas diretrizes políticas.[302]

Ao apontar o surgimento de um poder disciplinar, Foucault dá à luz um conceito que permite ver a maleabilidade de fundamentos que acompanham a continuidade dos controles sociais. Prisões, quartéis, escolas, hospitais, todos realizam o condicionamento pela vigilância e sanção, porém apenas as primeiras possuem o objetivo declarado de conter os crimes. Elas constituem uma rede que normaliza o valor da autoridade e da obediência, os corpos dóceis não possuem um mesmo fundamento e não podem ser reduzidos à sua utilidade econômica.

---

300 "Assim também se explica a impressão de antiguidade da prisão, da qual nos desfazemos com tanta dificuldade: se ela parece tão profundamente radicada em nossa cultura, é precisamente por ter nascido sobrecarregada de uma moral cristã que lhe confere uma profundeza histórica que ela não tem." Cf.: FOUCAULT, Michel. *A sociedade punitiva:* curso no Collège de France (1972-1973). Tradução de Ivone C. Benedetti. São Paulo: WMF Martins Fontes, 2015. p. 85.

301 "Se a lei precisa se preocupar acima de tudo com a moralidade, e se esta é essencial à salvaguarda do Estado e ao exercício de sua soberania, é preciso uma instância que vigie, não a aplicação das leis, mas, antes desta, a moralidade dos indivíduos. As leis então nada mais são que aquilo que dá a tais organismos de vigilância a possibilidade de intervir e agir no nível da moralidade." Cf.: FOUCAULT, Michel. *A sociedade punitiva:* curso no Collège de France (1972-1973). Tradução de Ivone C. Benedetti. São Paulo: WMF Martins Fontes, 2015. p. 102.

302 "E finalmente, o que se procura reconstruir nessa técnica de correção não é tanto o sujeito de direito, que se encontra preso nos interesses fundamentais do pacto social: é o sujeito obediente, o indivíduo sujeito a hábitos, regras, ordens, uma autoridade que se exerce continuamente sobre ele e em torno dele, e que ele deve deixar funcionar automaticamente nele." Cf.: FOUCAULT, Michel. *Vigiar e punir.* 28. ed. Petrópolis: Vozes, 2010. p. 124.

O cárcere não tem explicação apenas na fábrica, eles são elos que se juntam a outros tantos espaços para formar um "arquipélago carcerário". Segundo afirma o autor, o fundamental é perceber como foi composta uma técnica regular de gestão, de maneira a se espalhar hierarquias pelo corpo social.[303]

É pelo fato de estar pulverizada no social que a lógica penal faz sentido, não age como fato bruto de exercício de poder. A prisão punitiva foi normalizada porque se criou uma "generalidade carcerária", assim como a própria lógica de uso das punições foi normalizada como "arte de retificar". Não apenas foram criados os suplícios e as prisões, Foucault foi além para identificar a história do próprio "direito de punir": o punitivismo.[304]

Um estudo criminológico suficientemente profundo precisa questionar o autoritarismo e o punitivismo que dão sentido à Justiça Penal e que se reforçam por meio dela, bem como as demais racionalidades que se conectam nesse funcionamento. Uma das lições centrais de uma criminologia foucaultiana seria que não se pode encarar as práticas penais como uso da força pura para coagir as pessoas, é preciso pôr em destaque o fato de que os poderes estão conectados com racionalidades, tanto as que os tornam aceitáveis quanto as que eles promovem.

Sendo crime e pena os conceitos em torno dos quais atuam todas as demais veridicções penais, só é possível realizar uma abordagem não positivista da justiça criminal compreendendo como essas palavras comportam racionalidades que se conjugam de forma histórica. Há rupturas e permanências, uma instabilidade inerente a essas dinâmicas.

Sem contestar o autoritarismo do confisco do conflito produzido pelo conceito de crime, não se consegue abrir caminho para pensar meios institucionais que operem em horizontalidade. Sem discutir o punitivismo que é veiculado pelo conceito de pena, não se alcança um debate sobre a priorização de outras ferramentas institucionais de resposta, por exemplo: reparação, proteção das vítimas.

---

303 FOUCAULT, Michel. *Vigiar e punir.* 28. ed. Petrópolis: Vozes, 2010. p. 283.

304 "Mas o efeito mais importante talvez do sistema carcerário e de sua extensão bem além da prisão legal é que ele consegue tornar natural e legítimo o poder de punir, baixar pelo menos o limite de tolerância à penalidade. [...] A generalidade carcerária, funcionando em toda a amplitude do corpo social e misturando incessantemente a arte de retificar com o direito de punir, baixa o nível a partir do qual se torna natural e aceitável ser punido." Cf.: FOUCAULT, Michel. *Vigiar e punir.* 28. ed. Petrópolis: Vozes, 2010. p. 286-287.

São as racionalidades que ajudam no percurso crítico contra as práticas, elas devem ser questionadas porque vão além de seu uso no campo penal. Por exemplo, a crença na autoridade e na punição está pulverizada nas sociedades ocidentais, atuando como ética e gerando efeitos nas relações não penais, tais como entre pais e filhos, patrões e empregados etc.

Uma criminologia foucaultiana deve estar atenta para as *éticas penais*. Como já explicado, Foucault destacou as veridicções e as subjetivações como elementos fundamentais para o diagnóstico do presente, logo, uma análise crítica robusta deve estar apta a demonstrar como as racionalidades penais são também operadas com valores de si para si, ou seja, no governo de si. Por exemplo, é inegável que o volume de punições hoje presentes tem conexão com a existência de uma imagem "moral" do bom julgador, como tendo de ser rigoroso e implacável. De outra parte, parece ser verdade também que boa parte das práticas criminosas tem relação com uma visão que o autor do ato atribui a si mesmo, a figura de criminoso.

Enfim, superar uma criminologia positivista pressupõe ir além de uma linguagem materialista. O mundo físico não produz valor em si mesmo, é a mente humana que atribui valor a ele, em um processo dinâmico. As racionalidades são constitutivas, produzindo o imaginário que autoriza as práticas penais, conformando essa simbologia através do qual a Justiça Penal se torna aceitável e desejável.

A criminologia deve aprender com Foucault sobre a fundamental atenção às veridicções e subjetivações de suporte à Justiça Penal, sem isso não se consegue uma mudança substancial. Cabe aos atores criminológicos de resistência compreender a tarefa de contestar as racionalidades que dão suporte ao modelo crime-pena, promovendo novas racionalidades para incentivar um modelo superior de justiça.

2.2. MICROFÍSICAS PENAIS

> *Para marcar essa diferença de natureza, dirá Foucault que o poder remete a uma "microfísica". Com a condição de não entendermos "micro" como uma simples miniaturização das formas visíveis ou enunciáveis, mas como um outro domínio, um novo tipo de relação, uma dimensão de pensamento irredutível ao saber: ligações móveis e não-localizáveis.*
>
> Gilles Deleuze, *Foucault*

Conforme já explicado, o mergulho nas microrrelações foi uma necessidade a partir do momento que Foucault percebeu que as políticas dependem do compartilhamento de racionalidades. Essa atenção à rede política dos indivíduos veio qualificar os estudos críticos que privilegiavam o nível macro.

A proposta de criação de uma resistência transversal, que destaca a operação diária da vida das pessoas, marca o movimento do maio de 1968. Foucault parece ser um dos primeiros a notar essa emergência e a traduzir isso em métodos e conceitos, sem que a atenção aos micropoderes representasse uma desatenção às conjunturas macro.

O olhar dos autores das duas ondas de criminologia marxista, uma vez excessivamente concentrados no Estado e nas origens que denominam como *econômicas*, acabava por privilegiar o aporte macro como forma de criar uma teoria explicativa do crime e da resposta penal.

Em *A nova criminologia* se percebe um embate com as teorias psicológicas e sociológicas que não fazem uma conexão imediata com os contextos "estruturais". Não por outro motivo, chega até mesmo a menosprezar a *Teoria do etiquetamento*, apelando por um modelo que identifique origens "mais amplas" do desvio e da reação social.[305]

Os autores são profundamente críticos do tipo de criminologia que vinha sendo feito ao longo do século XX, pois estaria ignorando a tradição prévia das "grandes teorias sociais" – Durkheim, Weber, Marx. Argumentam que os criminólogos estavam seguindo uma linha sociológica de baixo alcance, pois negligenciavam a "estrutura da economia política do estado."[306]

---

[305] TAYLOR, Ian; WALTON, Paul; YOUNG, Jock. *The New Criminology:* for a Social Theory of Deviance. Nova York: Harper & Row, 1974. p. 164-165.

[306] "Como tentamos deixar claro, poucos criminólogos realmente abordaram de maneira eficaz os debates sobre estrutura social presentes nas tradições de grande

Ao que apontam, as criminologias de seu tempo promoviam uma "diluição" e uma "despolitização" das questões pertinentes ao campo penal, sendo fundamental construir um modelo que identificasse os "imperativos políticos e econômicos que sustentam" tanto a prática do desvio quanto a reação social a ele. Há de se discernir uma base, um pano de fundo determinante.[307]

Não foi diferente na teoria de Baratta, segundo a qual a grande inovação da criminologia crítica seria sua capacidade de formular uma tese "macrossociológica" do Direito Penal. Era o anúncio de um projeto que viria traçar as matrizes maiores do crime e da pena.[308]

O modelo "integrado" da ciência do Direito Penal pressupunha um foco nas "formações econômico-sociais", sua desenvoltura estaria em situar o enredo penal dentro dos horizontes sociais apontados por

---

teoria social. Em particular, poucos criminólogos têm sido hábeis em lidar com as maneiras pelas quais as iniciativas políticas que dão origem a (ou abolem) a legislação, que definem o comportamento sancionável na sociedade ou garantem a aplicação dessa legislação, estão intimamente ligadas à estrutura da economia política do estado." Cf.: TAYLOR, Ian; WALTON, Paul; YOUNG, Jock. *The New Criminology:* for a Social Theory of Deviance. Nova York: Harper & Row, 1974. p. 273.

[307] "Por enquanto, é suficiente mencioná-los não apenas como evidência da diluição da teoria nas investigações do crime do século XX, mas também como uma denúncia da despolitização das questões envolvidas nas clássicas discussões da teoria social sobre o crime, realizadas e aplaudidas por aqueles que efetuam trabalhos no campo da criminologia 'aplicada' contemporânea. Por ora, é suficiente afirmar que um dos requisitos formais importantes de uma teoria do desvio totalmente social, que é quase totalmente ausente na literatura presente, é um modelo eficaz dos imperativos políticos e econômicos que sustentam, por um lado, as 'ideologias leigas' e, por outro lado, as 'cruzadas' e iniciativas que surgem periodicamente para controlar a quantidade e o nível de desvio ou então (como nos casos de proibição, certa atividade homossexual e, mais recentemente, certos 'crimes sem vítimas') para remover certos comportamentos da categoria de comportamentos 'ilegais'. Nos falta uma economia política de reação social." Cf.: TAYLOR, Ian; WALTON, Paul; YOUNG, Jock. *The New Criminology:* for a Social Theory of Deviance. Nova York: Harper & Row, 1974. p. 274.

[308] "Especialmente naquela orientação que agora aparece sob o nome, não desprovido de uma consciente carga polêmica em face da tradição criminológica, de 'nova criminologia' ou de 'criminologia crítica', o uso da perspectiva macrossociológica, em função teórica e prática no estudo e na interpretação do fenômeno do desvio, é o fato central e programático." Cf.: BARATTA, Alessandro. *Criminologia crítica e crítica do Direito Penal.* 3. ed. Rio de Janeiro: Revan, 2002. p. 27.

Marx, de forma que a especificidade de cada momento é marcada pelo traço econômico macro – feudalismo, capitalismo etc.[309]

Para o autor, há uma estrutura que está "por detrás do fenômeno" da seletividade penal. Como todas as relações de poder, a seleção dos criminosos é determinada pela "desigual distribuição de bens e de oportunidades", sendo central a perspectiva macrossociológica para compreender a atuação do Estado no campo penal.[310]

Veja-se, contudo, que não se trata de uma teoria que quer apenas trazer à discussão a importância do nível macro, ela entende que o macro se encontra em nível predominante. A despeito de anunciar a importância da análise "microssociológica", interpreta a mesma como mero instrumento subalterno para "delimitar objetos específicos de indagação". Só o macro poderia dar o "horizonte explicativo e interpretativo" dentro do qual se pode entender o crime-pena.[311]

Não parece ser muito diferente o que acontece com autores mais recentes, tais como Wacquant. A visão do criminólogo francês se tornou a tese vencedora em meio à cena crítica como intérprete do "giro pu-

---

[309] "Uma teoria adequada da criminalidade, sobre a qual se pretende hoje basear um novo modelo integrado de ciência do direito penal, é caracterizada por elementos antitéticos à ideologia da defesa social: em primeiro lugar, essa teoria trabalha com um conceito situado, ou seja, com uma abstração determinada correspondente a específicas formações econômico-sociais e aos problemas e contradições que lhe são inerentes. Deste ponto de vista, o horizonte macrossociológico de uma tal teoria não é dado por um conceito ideal de sociedade, mas por conceitos mais determinados, como os de 'sociedade feudal', 'sociedade capitalista', 'de transição' etc." Cf.: BARATTA, Alessandro. *Criminologia crítica e crítica do Direito Penal*. 3. ed. Rio de Janeiro: Revan, 2002. p. 48.

[310] "Mas se partirmos de um ponto de vista mais geral, e observarmos a seleção da população criminosa dentro da perspectiva macrossociológica da interação e das relações de poder entre os grupos sociais, reencontramos, por detrás do fenômeno, os mesmos mecanismos de interação, de antagonismo e de poder que dão conta, em uma dada estrutura social, da desigual distribuição de bens e de oportunidades entre os indivíduos." Cf.: BARATTA, Alessandro. *Criminologia crítica e crítica do Direito Penal*. 3. ed. Rio de Janeiro: Revan, 2002. p. 106.

[311] "Se hoje é possível encontrar uma tendência de desenvolvimento positivo na pesquisa sociológico-jurídica, esta consiste precisamente na tentativa de unir uma perspectiva microssociológica, adotada para delimitar objetos específicos de indagação, com uma perspectiva macrossociológica, adotada para definir um horizonte explicativo e interpretativo dentro do qual são considerados os fenômenos singulares." Cf.: BARATTA, Alessandro. *Criminologia crítica e crítica do Direito Penal*. 3. ed. Rio de Janeiro: Revan, 2002. p. 26.

nitivo", assim denominada a acentuada ascensão do número de presos em vários países do ocidente no final do século XX. Como o próprio autor afirma, sua teoria teve uma "trajetória meteórica", sendo traduzida para vinte línguas e gerando um "dilúvio" de telefonemas de universidades ao redor do mundo.[312]

Trata-se de uma hipótese repleta de dados interessantes, concentrada sobre o movimento ocorrido nos EUA, país este que o autor entende ser o epicentro da escalada penal. Com base em uma rica gama de estatísticas, o autor conclui que o grande encarceramento do final do milênio deve ser entendido como uma reorganização do Estado capitalista a fim promover uma nova gestão econômica dos miseráveis.[313]

Segundo aponta, o avanço do "Estado penal" é o outro lado da moeda do retrocesso do "Estado social", tudo em conformidade com um novo projeto para arregimentar o trabalho assalariado precário em direção à classe pobre.[314] É a mudança do campo do trabalho que serve como origem explicativa de toda a escalada punitiva que teria ocorrido com o neoliberalismo.[315]

Nessa linha, tudo se trata de um projeto orquestrado pela classe dirigente para modelar um novo Leviatã, cuja meta fundamental é impor o novo regime econômico fixado sobre a desregulamentação do mercado, a flexibilidade do trabalho e a redução dos gastos sociais. Por essa conjunção de fatores econômicos, ocorreria fatalmente a elevação

---

[312] WACQUANT, Loïc. A tempestade global da lei e ordem: sobre punição e neoliberalismo. *Revista de Sociologia Política*, Curitiba, v. 20, n. 41, p. 7-20, fev. 2012.

[313] WACQUANT, Loïc. *As prisões da miséria*. Rio de Janeiro: Jorge Zahar, 2001. p. 143.

[314] "Em resumo, a irresistível ascensão do Estado penal nos Estados Unidos durante as três últimas décadas não é uma resposta ao aumento da criminalidade – que permaneceu praticamente constante, em termos globais, antes de cair no final do período – mas sim aos deslocamentos provocados pela redução de despesas do Estado na área social e urbana e pela imposição do trabalho assalariado precário como nova norma de cidadania para aqueles encerrados na base da polarizada estrutura de classes." Cf.: WACQUANT, Loïc. *Punir os pobres*: a nova gestão da miséria nos Estados Unidos [A onda punitiva]. 3. ed. Rio de Janeiro: Revan, 2007. p. 15.

[315] "Para não cair numa escalada penal sem fim e sem saída, é indispensável reconectar o debate sobre a delinquência à questão social maior do novo século: o advento do trabalho dessocializado, vetor da insegurança social e de precariedade material, familiar, escolar, de saúde e mesmo mental." Cf.: WACQUANT, Loïc. *Punir os pobres*: a nova gestão da miséria nos Estados Unidos [A onda punitiva]. 3. ed. Rio de Janeiro: Revan, 2007. p. 464.

da "insegurança social" que passou a ser contida na mesma proporção pelo aparato punitivo do Estado.[316]

A tese assume ares de critério máximo de avaliação internacional do uso recente de prisões. Indica como a ascensão penal na França e no Brasil poderia ser entendida como adesão à fórmula norte-americana, ao passo que a estagnação das prisões em países como a Suécia e a Noruega se dá exatamente pela não adesão a esse modelo. O "prisonfare" só emplacaria onde a miséria do novo mundo do trabalho aconteceu.[317]

A tese de Wacquant se encaixa como uma luva no receituário estrutural Estado-classe, daí se pode entender seu sucesso. Apesar de uma valiosa pesquisa envolvendo números e valores complexos, bem como uma boa narrativa de como as novas racionalidades punitivas de *Lei e ordem* e *Janelas quebradas* se instalam, ao fim o autor volta a remeter todas as dinâmicas à matriz macroeconômica: pobreza, subtrabalho, fim do assistencialismo.

A despeito de não fazer referências diretas a Marx, nem mesmo pretender anunciar uma teoria universalista da criminalidade ou penalidade, a hipótese de Wacquant cai no mesmo equívoco de querer dar uma chave interpretativa exclusivamente a partir de um funcionalismo macro, reduzindo as racionalidades diárias do poder à uma mera questão de suporte, lateral.

Dizer que o aumento das prisões se explica apenas como forma de conter as agitações decorrentes do aumento da pobreza é negligenciar os jogos de veridicção a subjetivação que permeiam as relações políticas. Enfim, esse aumento vertiginoso das prisões não depende de um consen-

---

[316] "A repentina expansão e a exaltação consensual do Estado penal desde meados dos anos 1970 não constituem uma leitura culturalmente reacionária da 'modernidade tardia', mas sim uma resposta da classe dirigente preocupada em redefinir o perímetro e as missões do Leviatã, de modo a estabelecer um novo regime econômico, baseado na hipermobilidade do capital e na flexibilidade do trabalho, e a controlar o tumulto social gerado na base da ordem urbana pelas políticas públicas de desregulamentação do mercado e pela redução de gastos com o bem-estar que constituem os elementos formadores centrais do neoliberalismo." Cf.: WACQUANT, Loïc. Apêndice teórico: um esboço do Estado neoliberal. *Discursos sediciosos*, Rio de Janeiro, 1º e 2º sem., ano 15, n. 17/18, p. 149, 2010.

[317] "Ao contrário, onde a neoliberalização foi frustrada nas faixas do emprego e do bem-estar, o impulso para a penalização foi embotado ou desviado, como indicado, por exemplo, pela surdez teimosa dos países nórdicos às sirenes de 'tolerância zero'." WACQUANT, Loïc. A tempestade global da lei e ordem: sobre punição e neoliberalismo. *Revista de Sociologia Política*, Curitiba, v. 20, n. 41, p. 19, fev. 2012.

timento e apoio social? Por que, dentre outras políticas possíveis, o uso da prisão seria a ferramenta principal de contenção dos pobres? Como a dita "insegurança social" ocorreria sem uma base de racionalidade que define o que é o certo e o errado nas microrrelações desses locais?

É certo que a análise de Wacquant se aproxima mais de um estudo genealógico do que as leituras feitas pelos dois principais movimentos marxistas já mencionados, seja porque não apela a uma teoria geral da criminalidade ou da pena, seja porque tem a preocupação de elencar relações microfísicas e racionalidades. Contudo, como explicar a primazia da função econômica sobre as demais formas de poder, sobretudo racial e de gênero? Por qual motivo o apelo à racionalidade de *tolerância zero* deveria ser entendida apenas como consequência do câmbio nas relações de trabalho?

Portanto, ainda que sob um viés de *economismo imanente*, sem apelo universalista expresso, o autor acaba por ficar atrelado a uma explicação limitada.[318] Há um privilégio macro nessa visão. Se a prática penal visa apenas um "armazenamento" dos pobres, não se conseguiria explicar a crescente aplicação de penas aos criminosos de colarinho branco, ou explicar por que curiosamente a Justiça Penal se eximiria de atuar na exclusão dos demais grupos vulnerabilizados.

Sendo as práticas do Estado e da classe economicamente privilegiada importantes na compreensão do cenário punitivo ocidental das últimas décadas, isso é inegável, seria necessário compreender que elas se relacionam com práticas criadas com o fim de governar a conduta alheia, relações essas que não podem ser totalmente explicadas pelo viés macro.[319]

---

[318] LACEY, Nicola. Punishment, (Neo)Liberalism and Social Democracy. In: SIMON, J.; Sparks, R. (Eds.) *The Sage Handbook on Punishment and Society*. Nova York: Sage, 2013; O'MALLEY, Pat. Repensando la penalidad neo-liberal. Delito y Sociedad. *Revista de Ciencias Sociales*, v. 40, p. 11-30, 2015.

[319] "As ideias de Foucault pavimentaram o caminho para os criminólogos contemporâneos que hoje investigam como diferentes estratégias penais, em vez de serem entendidas como refletindo mudanças na composição ou nas prioridades da classe dominante, em consonância com o determinismo de classe marxista, podem ser entendidas como criando subjetividades, almas e espaço-temporalidades particulares que estão certamente conectadas às relações econômicas, mas não são totalmente explicados por essas relações." Cf.: VALVERDE, Mariana. *Michel Foucault*. Nova York: Routledge, 2017. p. 136.

Pois bem, se as exclusões de raça e de gênero[320], para não dizer outras tantas, devem ser lidas como pura consequência do mundo econômico, então, o que não é econômico? E, se tudo fosse realmente econômico, ainda teria utilidade uma teoria crítica que utiliza esse tipo de explicação? Não seria por demais genérica? Ao condicionar o exercício do aparato penal como essencialmente ferramenta de gestão da miséria, o autor acaba mais uma vez invisibilizando toda uma faixa de governamentalidades que se conjugam na constituição do cenário político.

Evidentemente, todos esses autores operam segundo a lógica de miniaturização do macro, funcionando a partir da já mencionada matriz estado-centrista e de luta de classes. Falta-lhes uma efetiva atenção à microfísica, como um âmbito que não é puro reflexo do macro, e sim um âmbito peculiar que está em relação recíproca com o macro.

Como Foucault ensinou, somente vemos a realidade a partir da mente, havendo um perspectivismo inerente às relações humanas. A aparência de objetividade e a regularidade das práticas se reforça no compartilhamento, as pessoas importam e exportam visões sobre as coisas, criando redes valorativas. O foco fechado no macro não permite identificar com clareza como esses contatos ínfimos são constituídos e constituem o horizonte político.

O foco no Estado como local privilegiado de poder, e na classe alta econômica como diretora desse aparato, ignora o fato de que o poder é relação, por isso continua se situando numa perspectiva do poder como *propriedade e repressão*. É como se a Justiça Penal fosse uso bruto de violência, quando ao contrário se sabe que ela é nitidamente uma forma de poder que depende de racionalidades normalizadas, para se situar como mecanismo desejável.

É incompleta uma análise crua do tipo "Justiça Penal *versus* pobres", isso explicaria muito pouco da complexidade punitiva. Ninguém duvida que a pobreza seja um elemento importante da seletividade penal, bastando olhar para qualquer penitenciária à disposição, entretanto, esse tipo de linguagem não explica como o efeito ocorre, não pode explicar as exceções, nem mesmo permite avançar na compreensão dos outros fatores de exclusão que as penas operam.[321]

---

320 CAMPOS, Carmen Hein de. *Criminologia Feminista*: teoria feminista e crítica às criminologias. Rio de Janeiro: Lumen Juris, 2017.

321 "O direito não é nem a verdade nem o álibi do poder. Ele é um instrumento ao mesmo tempo complexo e parcial do poder. A forma da lei e os efeitos de inter-

Ressaltar a microfísica é fazer com que o pensamento crítico volte a ter cuidado com o caráter *"contratual"* do poder, sem que para isso precise ignorar o fato de que as racionalidades são também efeitos de outras relações de poder. Há redes modificáveis de poder, redes dinâmicas. Por isso, é preciso conectar os efeitos de larga escala com as relações de menor monta.

Não foi a Justiça Penal que inventou a punição, o punitivismo existia muito antes do século XVIII e nitidamente foi assimilado pelo novo aparato estatal. O sistema coercitivo se "enxertou" no penal, sendo prévio e mais abrangente do que o modelo jurídico elaborado. Com isso se pode tocar um âmbito de saber-poder que circula no social para tornar a prática penal legítima e razoável.[322]

Fazendo assim, Foucault retomava a necessidade de entender os mecanismos de poder como processos de "governo pela verdade". Como todas as demais formas de exercício de poder, a Justiça Penal há de ser vista como uma "tática política" que se encaixa em outros "processos de poder", ela nunca esteve isolada, jamais funcionou para si mesma.[323]

Metodologicamente, significa dizer que o surgimento do modelo penal tem raízes em outros fluxos de poder, assim como seus efeitos repercutem em outros jogos de poder. É preciso conectar a Justiça Penal com múltiplas relações, seus vários desníveis, evitando qualquer

---

dições que ela porta devem ser recolocados entre muitos outros mecanismos não jurídicos. Assim, o sistema penal não deve ser analisado pura e simplesmente como um aparelho de interdição e de repressão de uma classe sobre uma outra, nem tampouco como álibi que abriga violência sem lei da classe dominante; ele permite uma gestão política e econômica através da diferença entre legalidade e ilegalismos." Cf.: FOUCAULT, Michel. *Estratégia, saber-poder*. Tradução de Vera Lucia Avellar Ribeiro. 2. ed. Rio de. Janeiro: Forense Universitária, 2006. (Ditos e escritos IV). p. 247.

322 "Esse sistema coercitivo foi sendo transferido pouco a pouco em seus pontos de aplicação e em seus instrumentos, sendo assumido pelo aparato estatal no fim do século XVIII, e pode-se dizer que ao fim dos vinte primeiros anos do século XIX o aparato estatal encarregou-se essencialmente do sistema coercitivo, que por sua vez se enxertou no sistema penal." Cf.: FOUCAULT, Michel. *A sociedade punitiva*: curso no Collège de France (1972-1973). Tradução de Ivone C. Benedetti. São Paulo: WMF Martins Fontes, 2015. p. 129.

323 "Analisar os métodos punitivos não como simples consequências de regras de direito ou como indicadores de estruturas sociais; mas como técnicas que têm sua especificidade no campo mais geral dos outros processos de poder. Adotar em relação aos castigos a perspectiva da tática política." Cf.: FOUCAULT, Michel. *Vigiar e punir*. 28. ed. Petrópolis: Vozes, 2010. p. 27.

tipo de positivismo do crime e da pena. Vale lembrar, para Foucault, o sistema penal devia ser entendido como um "instrumento para gerir diferencialmente as ilegalidades, não para suprimi-las a todas."[324]

Para não cair na visão estritamente macro, o autor trouxe à tona o poder disciplinar. Negando a centralidade do Estado, ele decidiu demonstrar como as várias instituições não-estatais estavam comprometidas com uma técnica muito semelhante, o que indicava uma racionalidade, um saber-poder.

A preocupação era desvendar como a rede de pequenos poderes constituía uma sociedade disciplinar, não apenas ressaltar um Estado disciplinar. Queria pôr em questão como existe uma reciprocidade entre os cidadãos e o próprio Estado, em que ambos se influenciam, em que não há um corte radical. Corresponde dizer que o importante não é o fato de a Justiça Penal ser estatal, o essencial é como ela atua, a que práticas deve sua aceitação e como pode manejar novas governamentalidades. Deve-se atentar para o "continuum disciplinar".[325]

Dirigir o olhar para as demais instituições – escola, o hospital etc. – permitia a Foucault escapar do institucional-centrismo, para notar as regularidades discursivas e práticas sobre o cálculo das ações humanas. Compreender o grande internamento do século XVIII, por exemplo, exigia reconhecer uma conexão poder-saber-subjetivação que se repetia entre os dispositivos de controle. Sem a microfísica não se pode compreender a normalização do poder.[326]

---

[324] "Quer dizer que se, aparentemente, a nova legislação criminal se caracteriza por uma suavização das penas, uma codificação mais nítida, uma considerável diminuição do arbitrário, um consenso mais bem estabelecido a respeito do poder de punir (na falta de uma partilha mais real de seu exercício), ela é apoiada basicamente por uma profunda alteração na economia tradicional das ilegalidades e uma rigorosa coerção para manter seu novo ajustamento. Um sistema penal deve ser concebido como um instrumento para gerir diferencialmente as ilegalidades, não para suprimi-las a todas." Cf.: FOUCAULT, Michel. *Vigiar e punir*. 28. ed. Petrópolis: Vozes, 2010. p. 85.

[325] EWALD, François. A Power without an Exterior. In: ARMSTRONG, Timothy (Org.). *Michel Foucault philosopher*. Nova York: Harvester Wheatsheaf, 1992, p. 170.

[326] "Que, na posição central que ocupa, ela não está sozinha, mas ligada a toda uma série de outros dispositivos 'carcerários', aparentemente bem diversos – pois se destinam a aliviar, a curar, a socorrer – mas que tendem todos como ela a exercer um poder de normalização." Cf.: FOUCAULT, Michel. *Vigiar e punir*. 28. ed. Petrópolis: Vozes, 2010. p. 254.

Atentando para os micropoderes e suas microrracionalidades, pode-se verificar não apenas o panóptico de Bentham, é possível ver igualmente o "panoptismo". Sem o apelo ao micro não se pode enxergar como as pessoas aderem às veridicções e às subjetivações, as quais eventualmente podem se agrupar para produzir efeitos de maior escala.[327]

Igualmente, adentrar no mundo micro era fundamental para não reduzir a Justiça Penal a um mero veículo de guerra de classe. Se o elemento de classe atua por ela, não significa que se pode fixar sua funcionalidade estritamente a esse ponto. Mais do que isso, a lógica de guerra não é coerente com uma visão que demonstra como a Justiça Penal se tornou um consenso na modernidade. É de se perguntar: a classe pobre é contra o modelo crime-pena?

Não há propriamente uma oposição entre as classes no que diz respeito à Justiça Penal, as racionalidades que fazem atuar esse modelo – sobretudo o autoritarismo e o punitivismo – circulam pelo social independente do recorte classista.[328] Não há uma lógica definidora exclusiva para traduzir como o modelo penal age.

A pretensão de explicar a atuação penal pela lógica de guerra de classes não basta para entender como os atores penais atuam – legisladores, policiais, promotores, juízes, agentes penitenciários. É preciso captar o conjunto de práticas que conformam suas ações, os poderes que apenas somados são capazes de perfazer um efeito mais permanente.

Em suma, é exatamente por isso Foucault defendia uma "desinstitucionalização" e "desfuncionalização" do poder. Uma análise não posi-

---

[327] "O panoptismo de Julius e de Bentham infiltra-se em todas as engrenagens sociais e não se reduz a uma inovação arquitetônica, assim como não está exclusivamente ligado à prisão, ao hospital ou até mesmo à fábrica ou ao convento. O foco é ampliado, e o objeto de análise situa-se agora no nível da captação e da sequestração do tempo, da sujeição do tempo da vida inteira aos ciclos da produção industrial e capitalista, do controle permanente direto e indireto de cada instante da existência, de um 'sistema punitivo cotidiano, complexo, profundo, que moraliza o judiciário'." Cf.: HARCOURT, Bernard. Situação do curso. In: FOUCAULT, Michel. A sociedade punitiva: curso no Collège de France (1972-1973). Tradução de Ivone C. Benedetti. São Paulo: WMF Martins Fontes, 2015. p. 255.

[328] "O proletariado é, no que concerne à moral e à legalidade, ao roubo e ao crime, totalmente impregnado da ideologia burguesa." Cf.: FOUCAULT, Michel. Estratégia, saber-poder. Tradução de Vera Lucia Avellar Ribeiro. 2. ed. Rio de. Janeiro: Forense Universitária, 2006. (Ditos e escritos IV). p. 140.

tivista das práticas penais deve realizar essa dupla tarefa, reconhecendo a fluidez e a possibilidade de superação desse tipo de justiça.[329]

Estudar o modelo crime-pena depende de uma visão que ultrapasse o Estado e o paradigma guerra, pois o tecido microrrelacional é imprescindível à perpetuação desse formato. As práticas do poder estão articuladas de maneira complexa, as ligações micro fazem a atuação penal se reproduzir.[330] Também na seara penal, há um duplo condicionamento entre micro e macro.

Por tudo exposto, pode-se endereçar alguns apontamentos conclusivos sobre o projeto de constituir uma *criminologia foucaultiana*. Assumindo a possibilidade de formular um marco teórico de renovação da criminologia crítica a partir de Foucault, deve-se entender esse ímpeto como partindo do caráter essencialmente contrapositivista de sua metodologia.

Um estudo crítico inovador da Justiça Penal não pode querer partir de nenhum universal sobre o crime e a pena. Não há objetividade a ser descoberta por trás da Justiça Penal, uma realidade que estaria latente em sua atuação. A Justiça Penal não tem essência nem funcionalidade rígida, ela é uma criação saber-poder.

Sendo essa fluidez sua marca, um estudo criminológico deve estar aberto para identificar as racionalidades – veridicções e subjetivações – que se conectam para produzir efeitos "historicamente" situados das práticas penais, ao mesmo tempo que deve estar apta a investigar as racionalidades que o aparato penal consegue promover em cada seio social.

---

[329] "Desinstitucionalizando e desfuncionalizando as relações de poder pode-se ver em que e por que elas são instáveis. Permeabilidade a toda uma série de processos diversos. As tecnologias de poder não são imóveis: não são estruturas rígidas que visam imobilizar processos vivos mediante sua própria imobilidade. As tecnologias de poder não cessam de se modificar sob a ação de numerosos fatores." Cf.: FOUCAULT, Michel. *Segurança, território, população*: curso no Collège de France (1977-1978). Tradução de Eduardo Brandão. São Paulo: Martins Fontes, 2008. p. 161.

[330] "Mais uma vez, os efeitos dessa posição demandam a desfuncionalização e a desinstitucionalização das relações de poder num quadro em que agora o Estado aparece não mais como uma simples ilusão mas como o efeito histórico de práticas complexamente articuladas de governo de indivíduos e de populações." Cf.: ALVAREZ, Marcos C.; LEMOS, Flávia C. S.; CARDOSO JUNIOR, Hélio R. Instituições, confinamento e relações de poder: questões metodológicas no pensamento de Michel Foucault. *Psicologia & Sociedade*, n. 26, p. 102, 2013. Disponível em: https://www.scielo.br/scielo.php?pid=S0102-71822014000500011&script=sci_abstract&tlng=pt. Acesso em: 4 jun. 2020.

Trabalhar por uma criminologia crítica para a atualidade demanda discernir essas racionalidades, demonstrando o caráter não objetivo das práticas penais. O funcionamento penal depende de um regime mental, de saberes criados.

Desde logo, retirar a aparência de objetividade por meio de um estudo genealógico é desestabilizar a Justiça Penal, demonstrando sua precariedade. Por isso, criticar já é fazer política, questionar os saberes da política criminal é ferir uma parte essencial do que promove seu funcionamento: seu lado mental.

Como Foucault disse certa vez, a habilidade genealógica é de "escamar" verdades tidas como inquestionáveis, dogmas. Ao fazer isso, fatalmente se vê que certas frases e gestos já não podem ser feitos com tanta naturalidade, brotando uma "hesitação". A crítica foucaultiana contribui para esse trabalho essencial de "deslocamento das formas de sensibilidade" e contestação dos limites do que é tolerado.[331]

Além disso, não se pode entender a prática penal se for negligenciado como ela depende das demais relações sociais, demandando uma esperteza metodológica para ressaltar as linhas microfísicas que se conectam. Uma análise criminológica mais profunda precisa se atentar para essa rede complexa, da qual o penal é um dos elos.

Também nesse ponto se tem um importante indicativo para a resistência. É preciso construir novas redes, linhas de fuga que rompam com as relações de suporte penal. Por isso, Foucault nos ajudar a ver como é essencial a promoção de relações de horizontalidade e de resolução pacífica de conflitos, pavimentando o solo de onde poderá nascer novas formas de justiça.

Não basta querer denunciar os supostos donos do poder e os ausentes de poder, é urgente essa dupla tarefa de elaborar novas veridicções e novas microrrelações. Caso contrário, mudam-se as caras e o funcionamento per-

---

[331] "Meu projeto é ajudar, de uma certa maneira, para que se escamem algumas 'evidências' ou 'lugares-comuns', no que se refere à loucura, à normalidade, à doença, à delinquência e à punição: fazer, juntamente com muitos outros, de modo que certas frases não possam mais ser ditas tão facilmente, ou que certos gestos não mais sejam feitos sem, pelo menos, alguma hesitação; contribuir para que algumas coisas mudem nos modos de perceber e nas maneiras de fazer; participar desse difícil deslocamento das formas de sensibilidade e dos umbrais de tolerância." Cf.: FOUCAULT, Michel. *Estratégia, saber-poder*. Tradução de Vera Lucia Avellar Ribeiro. 2. ed. Rio de. Janeiro: Forense Universitária, 2006. (Ditos e escritos IV). p. 347.

manece. A crítica tem que estar comprometida efetivamente com a abolição penal, não apenas com a conjuntura de quem pune e de quem é punido.

O objetivo é usar a criminologia para, ao fim, extingui-la. A real superação do modelo penal demanda pôr um ponto final nos seus saberes, o projeto de uma criminologia foucaultiana deve contribuir para demonstrar como o imaginário penal é ruim e apontar a existência de muitas outras formas melhores de promover justiça. É preciso dizer, a melhor criminologia foucaultiana não deve ser compatível com uma política penal, ela deve ser uma *contracriminologia* para promover uma política pós-penal.

A partir de Foucault, escapar do formato penal não significa retornar à uma naturalidade das relações humanas, o projeto não universalista da crítica também deve ser um projeto não universalista da política. Não há um *abolicionismo natural*, um modelo pós-penal deve ser construído, assim como todas as políticas humanas sempre foram criações.

Por fim, é preciso deixar claro que a pretensão do presente esforço teórico não é apontar a única forma de se utilizar Foucault na criminologia, e sim apontar uma boa possibilidade entre outras tantas. Ainda, a meta não era afirmar a superioridade da matriz foucaultiana sobre as demais, porém esclarecer como essa base permite certas inovações relevantes para o avanço de uma criminologia de resistência ao modelo crime-pena.

Aqui não se quis entrar em guerra com nenhuma teoria e nenhum autor, deseja-se uma abertura de diálogo. Uma criminologia que se pretenda pacificadora não pode atuar como enfrentamento, ela deve ser desde já não punitiva. Se muitas vezes foi necessário demonstrar o distanciamento de Foucault com relação a certas premissas do pensamento crítico predominante, sobretudo Marx e os marxistas, isso não deve ser entendido como uma afronta. Sem dúvidas, há pontos de convergência e é preciso que o campo crítico se ponha a dialogar, objetivando promover sua tarefa de modificação política.

Atendendo à proposta inicial, o presente livro foi desenvolvido para oferecer ferramentas metodológicas para a margem crítica. Ele não quis fazer história, desejou apenas oferecer ao leitor indicativos epistemológicos interessantes para construir pesquisas criminológicas.

Ao tentar elaborar o marco teórico da *criminologia foucaultiana*, este estudo é um convite para que outros pesquisadores se empenhem na realização de análises concretas sobre as racionalidades e microfísicas penais. O presente trabalho deve ser visto como uma ferramenta para a produção de histórias do presente penal, considerando as peculiaridades de cada tempo e local.

Para fechar, vale destacar que a produção de novas histórias sobre a Justiça Penal deve ser aberta para uma multidisciplinaridade. Se Foucault nos deixava um tanto quanto perdidos ao longo de seus livros, era justamente porque agregava percepções que vinham de muitas direções, destravando saberes excluídos e convocando uma criatividade no olhar. É tempo de mergulhar no perspectivismo genealógico para que estejamos aptos a criar novos mundos.

REFERÊNCIAS

AGOZINO, Biko. *Counter-colonial Criminology:* a Critique of Imperialist Reason. Londres: Pluto Press, 2003.

ALVAREZ, Marcos C.; LEMOS, Flávia C. S.; CARDOSO JUNIOR, Hélio R. Instituições, confinamento e relações de poder: questões metodológicas no pensamento de Michel Foucault. *Psicologia & Sociedade*, n. 26, p. 100-106, 2013. Disponível em: https://www.scielo.br/scielo.php?pid=S0102-71822014000500011&script=sci_abstract&tlng=pt. Acesso em: 4 jun. 2020.

AMARAL, Augusto Jobim. *Política da criminologia*. São Paulo: Tirant lo Blanch, 2020.

ANITUA, Gabriel Ignacio. *Histórias dos pensamentos criminológicos*. Rio de Janeiro: Revan, Instituto Carioca de Criminologia, 2008.

ANITUA, Gabriel Ignacio. Fundamentos para la construcción de una teoría de la no pena. *In:* POSTAY, Maximiliano E. (Org.). *El abolicionismo penal em América Latina:* imaginación no punitiva y militância. Ciudad Autónoma de Buenos Aires: Del Puerto, 2012. p. 1-17.

ARENDT, Hannah. *Origens do totalitarismo*. Tradução de Roberto Raposo. São Paulo: Companhia das Letras, 1989.

AVELINO, Nildo. Governamentalidade e anarqueologia em Michel Foucault. *Revista Brasileira De Ciências Sociais*, v. 25, n. 74, p. 139-157, out. 2010. Disponível em: https://www.scielo.br/scielo.php?script=sci_arttext&pid=S0102-69092010000300009. Acesso em: 4 jun. 2020.

BARATTA, Alessandro. *Criminologia crítica e crítica do Direito Penal*. 3. ed. Rio de Janeiro: Revan, 2002.

BECKER, Gary; EWALD, François; HARCOURT, Bernard. Becker on Ewald on Foucault on Becker. *The Carceral Notebooks*, v. 7, p. 1-35, maio, 2011.

BIRMAN, Joel. *Jogando com a verdade:* uma leitura de Foucault. *PHYSIS. Rev. Saúde Coletiva*, Rio de Janeiro, v. 12, n. 2, p. 301-324, 2002.

BONGER, William Adrian. *Criminality and Economic Conditions*. Londres: William Heinemann, 1916.

BUTLER, Judith. *A vida psíquica do poder:* teorias da sujeição. Tradução de Rogério Bettoni. Belo Horizonte: Autêntica Editora, 2017.

CAMPOS, Carmen Hein de. *Criminologia Feminista:* teoria feminista e crítica às criminologias. Rio de Janeiro: Lumen Juris, 2017.

CARVALHO, Thiago Fabres de. *Criminologia, (in)visibilidade, reconhecimento:* o controle penal da subcidadania no Brasil. Rio de Janeiro: Revan, 2014.

CASTRO, Edgardo. *Introdução a Foucault.* Tradução de Beatriz de Almeida Magalhães. Belo Horizonte: Autêntica Editora, 2014.

COMTE, Auguste. *Curso de filosofia positiva.* Tradução de José Arthur Giannotti e Miguel Lemos. São Paulo: Abril Cultural, 1978.

COHEN, Stanley. *Against Criminology.* Nova Jersey: Transaction Books, 1988.

DE GIORGI, Alessandro. Punishment, Marxism, and Political Economy. *Oxford Research Encyclopedia of Criminology*, p. 1-28, 2018. Disponível em: https://oxfordre.com/criminology/view/10.1093/acrefore/9780190264079.001.0001/acrefore-9780190264079-e-358. Acesso em: 4 jun. 2020.

DEFERT, Daniel. Situação do curso. *In:* FOUCAULT, Michel. *Aulas sobre a vontade de saber: curso no Collège de France (1970-1971).* Tradução de Rosemary Costhek Abílio. São Paulo: Editora WMF Martins Fontes, 2014. p. 239-264.

DELEUZE, Gilles. *Foucault.* Tradução de Claudia Sant'Anna Martins. São Paulo: Brasiliense, 2005.

DELEUZE, Gilles. *El poder:* curso sobre Foucault II. Ciudad autónoma de Buenos Aires: Cactus, 2014.

DREYFUS, Hubert; RABINOW, Paul. *Michel Foucault, uma trajetória filosófica:* para além do estruturalismo e da hermenêutica. Tradução de Vera Porto Carrero. Rio de Janeiro: Universitária, 1995.

EWALD, François. *Foucault, a norma e o direito.* Tradução de Antonio Fernando Cascais. Lisboa: Veja, 1993.

EWALD, François. A Power Without an Exterior. *In:* ARMSTRONG, Timothy (Org.). *Michel Foucault Philosopher.* Nova York: Harvester Wheatsheaf, 1992. p. 169-176.

FONTANA, Alessandro; BERTANI, Mauro. Situação do curso. *In:* FOUCAULT, Michel. *Em defesa da sociedade: curso no Collège de France (1975-1976).* Tradução de Maria Ermantina Galvão. 2. ed. São Paulo: Editora WMF Martins Fontes, 2010.

FOUCAULT, Michel. *História da sexualidade:* o uso dos prazeres. Tradução de Maria Thereza da Costa Albuquerque. 8. ed. Rio de Janeiro: Graal, 1984. v. 2.

FOUCAULT, Michel. *História da sexualidade:* o cuidado de si. Tradução de Maria Thereza da Costa Albuquerque. Rio de Janeiro: Graal, 1985. v. 3.

FOUCAULT, Michel. O Sujeito e o Poder. *In:* DREYFUS, Hubert; RABINOW, Paul (Org.). *Michel Foucault, uma trajetória filosófica:* para além do estruturalismo e da hermenêutica. Vera Porto Carrero. Rio de Janeiro: Universitária, 1995. p. 231-249.

FOUCAULT, Michel. *A ordem do discurso*: aula inaugural no Collège de France. Tradução de Laura Fraga de Almeida Sampaio. 5. ed. São Paulo: Edições Loyola, 1999.

FOUCAULT, Michel. O que é a crítica? Tradução de Antonio C. Galdino. *Cadernos da Faculdade de Filosofia e Ciências da UNESP*, Marília, v. 9, n. 1, p. 169-189, 2000.

FOUCAULT, Michel. *A verdade e as formas jurídicas*. 3. ed. Rio de Janeiro: NAU Editora, 2002.

FOUCAULT, Michel. *Ética, sexualidade, política*. Tradução de Elisa Monteiro e Inês Autran Dourado Barbosa. Rio de Janeiro: Forense Universitária, 2004. (Ditos e Escritos V)

FOUCAULT, Michel. *Arqueologia das Ciências e História dos Sistemas de Pensamento.* Rio de Janeiro: Forense Universitária, 2005. (Ditos e Escritos II)

FOUCAULT, Michel. *Estratégia, saber-poder.* Tradução de Vera Lucia Avellar Ribeiro. 2. ed. Rio de. Janeiro: Forense Universitária, 2006. (Ditos e escritos IV)

FOUCAULT, Michel. *O poder psiquiátrico:* curso no Collège de France (1973-1974). Tradução de Eduardo Brandão. São Paulo: Martins Fontes, 2006.

FOUCAULT, Michel; CHOMSKY, Noam. *The Chomsky-Foucault Debate on Human Nature*. Nova York: The New Press, 2006.

FOUCAULT, Michel. *As palavras e as coisas:* uma arqueologia das ciências humanas. Tradução Salma Tannus Muchail. 9. ed. São Paulo: Martins Fontes, 2007.

FOUCAULT, Michel. *A arqueologia do saber.* Tradução de Luiz Felipe Baeta Neves. 7 ed. Rio de Janeiro: Forense Universitária, 2008.

FOUCAULT, Michel. *Segurança, território, população: curso no Collège de France (1977-1978)*. Tradução de Eduardo Brandão. São Paulo: Martins Fontes, 2008.

FOUCAULT, Michel. *Microfísica do poder.* 26. ed. Rio de Janeiro: Graal, 2008.

FOUCAULT, Michel. *Nascimento da biopolítica*. Tradução de Eduardo Brandão. São Paulo: Editora Martins Fontes, 2008.

FOUCAULT, Michel. *Vigiar e punir.* 28. ed. Petrópolis: Editora Vozes, 2010.

FOUCAULT, Michel. *Os anormais:* curso no Collège de France (1974-1975). Tradução de Eduardo Brandão. São Paulo: Martins Fontes, 2010.

FOUCAULT, Michel. *Em defesa da sociedade: curso* no Collège de France (1975-1976). 2. ed. São Paulo: Martins Fontes, 2010.

FOUCAULT, Michel. *A hermenêutica do sujeito:* curso no Collège de France (1981-1982). Tradução de Márcio Alves da Fonseca e Salma Annus Muchail. 3. Ed. São Paulo: Martins Fontes, 2010.

FOUCAULT, Michel. *O governo de si e dos outros:* curso no Collège de France (1982-1983). Tradução de Eduardo Brandão. São Paulo: Martins Fontes, 2010.

FOUCAULT, Michel. *Repensar a política*. Tradução de Ana Lúcia Paranhos Pessoa. Rio de Janeiro: Forense Universitária, 2010. (Ditos e escritos VI)

FOUCAULT, Michel. *História da sexualidade*: a vontade de saber. 21. ed. Rio de Janeiro: Graal, 2011. v. 1.

FOUCAULT, Michel. *A coragem da verdade:* curso no Collège de France (1983-1984). Tradução de Eduardo Brandão. São Paulo: Martins Fontes, 2011.

FOUCAULT, Michel. *Arte, epistemologia, filosofia e história da medicina*. Rio de Janeiro: Forense Universitária, 2011. (Ditos e escritos VII)

FOUCAULT, Michel. *A história da loucura na idade clássica*. São Paulo: Perspectiva, 2012.

FOUCAULT, Michel. *Aulas sobre a vontade de saber:* curso no Collège de France (1970-1971). Tradução de Rosemary Costhek Abílio. São Paulo: Martins Fontes, 2014.

FOUCAULT, Michel. *Do governo dos vivos:* curso no Collège de France (1979-1980). Tradução de Eduardo Brandão. São Paulo: Martins Fontes, 2014.

FOUCAULT, Michel. *A sociedade punitiva:* curso no Collège de France (1972-1973). Tradução Ivone C. Benedetti. São Paulo: Martins Fontes, 2015.

FOUCAULT, Michel. *Subjetividade e verdade:* curso no Collège de France (1980-1981). Tradução de Rosemary Costhek Abílio. São Paulo: Martins Fontes, 2016.

FOUCAULT, Michel. *Malfazer, dizer verdadeiro:* função da confissão em juízo: curso em Louvain, 1981. Tradução de Ivone Benedetti. São Paulo: Martins Fontes, 2018.

FOUCAULT, Michel. *Teorias e instituições penais:* curso no Collège de France (1971-1972). Tradução de Rosemary Costhek Abilio. São Paulo: Martins Fontes, 2020.

GAROFALO, Raffaelle. *Criminologia*. Campinas: Peritas, 1997.

GIDDENS, Anthony. *Em defesa da sociologia*. São Paulo: Editora UNESP, 2001.

GROS, Frédéric. Situação do curso. *In:* FOUCAULT, Michel. *A hermenêutica do sujeito:* curso no Collège de France (1981-1982). Tradução de Márcio Alves da Fonseca e Salma Annus Muchail. 3. ed. São Paulo: Martins Fontes, 2010. p. 455-494.

GROS, Frédéric. Situação do curso. *In:* FOUCAULT, Michel. *A coragem da verdade:* curso no Collège de France (1983-1984). Tradução de Eduardo Brandão. São Paulo: Martins Fontes, 2011. p. 301-316.

GUTTING, Gary. Michel Foucault: A User's Manual. *In:* GUTTING, Gary (Ed.). *The Cambridge Companion to Foucault*. 2. ed. Nova York: Cambridge University Press, 2007. p. 1-28.

HABERMAS, Jürgen. *O discurso filosófico da modernidade*. São Paulo: Martins Fontes, 2000.

HARCOURT, Bernard E.; BRION, Fabienne. Situação do curso. *In:* FOUCAULT, Michel. *Malfazer, dizer verdadeiro:* função da confissão em juízo: curso em Louvain, 1981. Tradução de Ivone Benedetti. São Paulo: Martins Fontes, 2018.

HARCOURT, Bernard E.; BRION, Fabienne Situação do curso. *In:* FOUCAULT, Michel. *A sociedade punitiva:* curso no Collège de France (1972-1973). Tradução de Ivone C. Benedetti. São Paulo: Martins Fontes, 2015.

HARCOURT, Bernard E.; BRION, Fabienne. *Critique & Praxis:* a First Draft. Nova York: Columbia University Press, 2020.

HARCOURT, Bernard E.; BRION, Fabienne; EWALD, François. Situação do curso. *In:* FOUCAULT, Michel. *Teorias e instituições penais:* curso no Collège de France (1971-1972). Tradução de Rosemary Costhek Abilio. São Paulo: Martins Fontes, 2020.

KELLY, Michael. Foucault, Habermas, and the Self-Referentiality of Critique. *In*: KELLY, Michael (Ed.) *Critique and Power*: Recasting the Foucault/Habermas Debate. Cambridge: The MIT Press, 1994.

LACEY, Nicola. Punishment, (Neo)Liberalism and Social Democracy. *In*: SIMON, J.; Sparks, R. (Eds.) *The Sage Handbook on Punishment and Society*. Nova York: Sage, 2013.

LEMKE, Thomas. Foucault, governamentalidade e crítica. *Plural: Revista do Programa de PósGraduação em Sociologia da USP*, São Paulo, v. 24, n. 1, p. 194-213, 2017.

LEMOS, Clécio. Sistema penal como instrumento proletário: a luta da criminologia radical e a legitimação inversa do sistema punitivo. *Revista da Faculdade de Direito UFMG*, Belo Horizonte, n. 63, p. 61-90, jul./dez. 2013.

LEMOS, Clécio. Apresentação. *In*: SUTHERLAND, Edwin H. *Crime de colarinho branco: versão sem cortes*. Tradução de Clécio Lemos. Rio de Janeiro: Revan, 2015.

LEMOS, Clécio. *Foucault e a justiça pós-penal*: críticas e propostas abolicionistas. Belo Horizonte: Letramento, 2019.

LOMBROSO, Cesare. *L'uomo delinquente*. 5. ed. Milano: Bompiani, 2013.

LORENZINI, Daniele. On Possibilizing Genealogy. *Inquiry*, p. 1-22, 2020. Disponível em: https://www.tandfonline.com/doi/abs/10.1080/0020174X.2020.1712227. Acesso em: 4 jun. 2020.

LYRA FILHO, Roberto. *Criminologia dialética*. Rio de Janeiro: Borsoi, 1972.

MACHADO, Roberto. Introdução. *In*: FOUCAULT, Michel. *Microfísica do poder*. 26. ed. Rio de Janeiro: Graal, 2008.

MACHEREY, Pierre. *In a Materialist Way*. Londres: Verso, 1998.

MARX, Karl; ENGELS, Friedrich. *Manifesto do partido comunista*. Tradução de Álvaro Pina. São Paulo: Boitempo Editorial, 2005.

MARX, Karl; ENGELS, Friedrich. *A ideologia alemã*. Tradução de Rubens Enderle, Nélio Schneider e Luciano Cavini Martorano. São Paulo: Boitempo Editorial, 2007.

MARX, Karl; ENGELS, Friedrich. *Contribuição à crítica da economia política*. Tradução e introdução de Florestan Fernandes. 2. ed. São Paulo: Expressão Popular, 2008.

MARX, Karl; ENGELS, Friedrich. *Manuscritos econômico-filosóficos*. Tradução de Jesus Ranieri. São Paulo: Boitempo Editorial, 2008.

MARX, Karl; ENGELS, Friedrich. *O capital*: livro I. Tradução de Rubens Enderle. São Paulo: Boitempo Editorial, 2013.

MOTTA, Manoel Barros da. Apresentação. *In*: FOUCAULT, Michel. Estratégia, saber-poder. Tradução de Vera Lucia Avellar Ribeiro. 2. ed. Rio de. Janeiro: Forense Universitária, 2006. (Ditos e escritos IV)

NIETZSCHE, Friedrich. *Genealogia da moral*: uma polêmica. Tradução de Paulo Cesar de Souza. São Paulo: Companhia das Letras, 2009.

NUNES, Rodrigo. Como não ler Foucault e Deleuze? Ou: para ler Foucault e Deleuze politicamente. *Princípios*, Natal (RN), v. 20, n. 33, p. 557-582, jan./jun. 2013.

O'MALLEY, Pat. Repensando la penalidad neo-liberal. Delito y Sociedad. *Revista de Ciencias Sociales*, v. 40, p. 11-30, 2015.

PASSETTI, Edson. *Anarquismos e sociedade de controle*. São Paulo: Cortez, 2003.

PASUKANIS, Eugeny B. *A teoria geral do direito e o marxismo*. Rio de Janeiro: Renovar, 1989.

PELBART, Peter Pal. Da dessubjetivação nomádica à subjetivação herética: Foucault, Agamben, Deleuze. In: KIFFER, Ana et al. (Org.) *Reinvenções de Foucault*. Rio de Janeiro: Lamparina, 2016.

RAGO, Margareth. "Estar na hora do mundo": subjetividade e política em Foucault e nos feminismos. *Interface* (Botucatu), v. 23, p. 1-11, 2019. Disponível em: http://www.scielo.br/scielo.php?script=sci_abstract&pid=S1414-32832019000100150&lng=pt&nrm=iso&tlng=pt. Acesso em: 4 jun. 2020.

ROCHA, Joao Alberto da Costa. *Michel Foucault:* crítico-esteta-cínico mitigado. Campina Grande: EDUEPB, 2014.

ROSA, Pablo Ornelas. *Drogas e governamentalidade neoliberal:* uma genealogia da redução de danos. Florianópolis: Insular, 2014.

ROSE, Nikolas. *Powers of Freedom*. Cambridge: Cambridge University Press, 2004.

ROSE, Nikolas; O'MALLEY, Pat; VALVERDE, Mariana. Governmentality. *Annual Review of Law and Social Science*, v. 2, n. 1, p. 83-104, 2006.

RUSCHE, George; KIRCHHEIMER, Otto. *Punição e estrutura social*. 2. ed. Rio de Janeiro: Revan, 2004.

SADER, Emir. Apresentação. In: MARX, Karl. *A ideologia alemã*. Tradução de Rubens Enderle, Nélio Schneider e Luciano Cavini Martorano. São Paulo: Boitempo Editorial, 2007.

SANTOS, Juarez Cirino dos. *A criminologia radical*. 3. ed. Curitiba: ICPC: Lumen Juris, 2008.

SENELLART, Michel. Situação dos cursos. In: FOUCAULT, Michel. *Segurança, território, população*: curso dado no Collège de France (1977-1978). Tradução de Eduardo Brandão. São Paulo: Martins Fontes, 2008.

SENELLART, Michel. Situação do curso. In: FOUCAULT, Michel. *Do governo dos vivos*: curso no Collège de France (1979-1980). Tradução de Eduardo Brandão. São Paulo: Martins Fontes, 2014. p. 295-326.

SOUZA, Aknaton; CAMARGO, Giovane Matheus; ROSA, Pablo Ornelas. *Considerações sobre a Escola Austríaca de Economia*. Vitória: Editora Milfontes, 2020. v. 2. (Coleção Fronteiras da Teoria)

TAYLOR, Ian; WALTON, Paul; YOUNG, Jock. *The New Criminology*: for a Social Theory of Deviance. Nova York: Harper & Row, 1974.

VALVERDE, Mariana. *Michel Foucault*. Nova York: Routledge, 2017.

VEYNE, Paul. Le dernier Foucault et sa morale. *Critique*, Paris, v. XLIL, n. 471-472, p. 933-941, 1985.

VEYNE, Paul. *Foucault, o pensamento, a pessoa*. Lisboa: Edições Texto & Grafia, 2009.

VORUZ, Véronique. The Politics of the Culture of Control: Undoing Genealogy. *Economy and Society*, v. 34, n. 1, p. 154-172, 2005.

ZAFFARONI, Eugenio Raúl. *A palavra dos mortos: conferências de criminologia cautelar*. São Paulo: Saraiva, 2012.

WACQUANT, Loïc. *As prisões da miséria*. Rio de Janeiro: Jorge Zahar, 2001.

WACQUANT, Loïc. *Punir os pobres:* a nova gestão da miséria nos Estados Unidos. 3. ed. Rio de Janeiro: Revan, 2007.

WACQUANT, Loïc. Apêndice teórico: um esboço do Estado neoliberal. *Discursos sediciosos*, Rio de Janeiro, 1º e 2º sem., ano 15, n. 17/18, p.137-162, 2010.

WACQUANT, Loïc. A tempestade global da lei e ordem: sobre punição e neoliberalismo. *Revista de Sociologia Política*, Curitiba, v. 20, n. 41, p. 7-20, fev. 2012.

editoraletramento
editoraletramento
grupoletramento

editoraletramento.com.br
company/grupoeditorialletramento
contato@editoraletramento.com.br

casadodireito.com   casadodireitoed   casadodireito